会社で生きることを決めた君へ

Tsuneo Sasaki
佐々木　常夫

PHP
Business Shinsho

PHPビジネス新書

はじめに

二〇代から三〇代にかけてのビジネスマン経験を活かし、四〇代は大きく成長し、大きく会社に貢献できる時期です。
また、管理職としてリーダーシップを発揮することで、部下の成長を確認し、チームで結果を出す喜びを味わえる時期です。

これが、私が自分のビジネスマン生活を通じて、自分が最も成長した時期は四〇代であったと結論づけている理由です。
四〇代の中でどう考えどう生きるかでその人のビジネスマン人生が決まるといってもいいと思っています。

自分のパフォーマンスを最大限にし、大きな結果を組織に残すこと、そのためには信頼される人間になること、そのためには自分を磨くこと、つまり自ら成長するように努めなくてはなりません。

そしてもうひとつ忘れてはいけない大事なことは、自分の欲のためではなく、チームのため、あるいは顧客のためなど、世の中の何かに貢献することです。

人は何のために働くのか?

人は自分が成長するため、そして何かに貢献するために働くのです。

組織で働くということはいろいろな制約があったり、我慢しなくてはならないことが多くあります。

組織で働くためには、そうしたことを引き受け乗り越えていかなくてはなりません。

またそうしていくことで人は成長していきます。

ですから私はいつも自分に与えられた環境の中で、自分の力の限り努力すべきだと考えています。

自分の運命を引き受け、その中で生き抜くことで、周囲の人たちを幸せに導き、結果として自分が幸せになるのです。

なにやら宗教めいた話で戸惑われるかもしれませんが、このことが、私のビジネスマン人生で辿り着いた結論です。

この本はみなさんが抱いている疑問や質問に答えようという思いで書きましたので、自分の関心のあるところから読んでみてください。

佐々木　常夫

二〇一三年八月

目次

会社で生きることを決めた君へ

第1章 会社で生きる君へ

第2章

仕事のプロになる

第3章 信頼される上司であるために

第1章

会社で生きる君へ

1

三〇代まではがむしゃらに。
でも四〇代からはしなやかに生きる。

みなさんの中には、四〇代に突入してからも、二〇代や三〇代の頃と同じような働き方をしている人がいるかもしれません。しかし四〇代以降も二〇代や三〇代の延長線上で仕事を続けようとすると、壁にぶち当たるときが必ずきます。

私は『部下を定時に帰す仕事術』（WAVE出版）などの本を書いていることもあり、世間的にはワーク・ライフ・バランスの提唱者のひとりに位置づけられているようです。しかし実は、二〇代や三〇代前半までの独身のときや、結婚はしていても子どもがいないときには、寝食を忘れてがむしゃらに働いていましたし、そういう時期があってもいいと思っています。

若いときには、経験が圧倒的に不足しています。そのためどんなに計画的かつ効率的に仕事を進めようとしても、失敗や回り道をしてしまうことがどうしても起きます。つまり仕事にムダが多い。ではムダが多いぶんをどうやってカバーするかというと、量でこなすしかありません。

そうやって経験を積みながら、少しずつ仕事のコツを覚えていく。計画的、効率的な仕事の進め方を習得していく。それが二〇代から三〇代前半までの時期だと思います。

この時期には少々無理をしても、それを十分に補える体力があります。またプライベートもそれほど忙しくはありません。だからがむしゃらに働くことが許されるのです。

しかし四〇代になってからも、二〇代や三〇代前半までと同じ働き方をしていたら、あるいは同じ働き方をすることによってしか成果をあげられないとしたら、あなたの能力が疑われることになります。

四〇代にもなれば、当然経験値は上がっているはずです。失敗や回り道をする回数も減っていなければいけません。

であるにもかかわらず、長時間労働をしないと成果が出せないというのであれば、「私はこの年齢になっても、勤務時間内に仕事をこなすことができない人間です」ということを周りの人たちに自ら公表していることになります。

また仕事ができないぶんを長時間労働で補おうとしても、四〇代に入れば体力が続かなくなります。それでも無理に長時間労働を続けていると、集中力や判断力が鈍り、仕事のパフォーマンスも落ちていきます。また健康も損《そこ》なわれます。

そしてプライベートでも、子どもが思春期を迎えたり、そろそろ親の介護を考えなくてはいけないなど、難しい時期にさしかかります。仕事に没頭していると、人生のバランスが大きく歪《ゆが》んだものになってしまいます。

ですから四〇代になったら、二〇代や三〇代のときとは仕事のやり方を抜本的に変える必要があります。

つまり、

「三〇代まではがむしゃらに働いてもかまわない。しかし四〇代からはしなやかに生きなくてはいけない」

のです。

しなやかに生きるためには、まず長時間労働を改めることです。業務の中には、さして重要ではないものがたくさんあります。そうした業務にまで丁寧に取り組んでいたら、いくら時間があっても足りません。

そこで大切になるのは、重要度が高い仕事と低い仕事を見極め、重要度の低い仕事については、思い切って手を抜くことです。六〇点を取れば合格点の仕事で、八〇点や九〇点を目指す必要はありません。合格点ぎりぎりの点数を目指せばいいのです。一方で重要度の高い仕事については、最後まで手綱を緩めずにレベルの高いアウトプットを目指します。

こうしてメリハリをつけることで、効率的かつ確実に成果を出せるようになります。

四〇代になれば、たいていの仕事についての経験を十分に積んでいるはずです。その気にさえなれば、重要度が高い仕事と低い仕事を見極めることはそれほど難しくないはずです。つまり長時間労働を改められるかどうかは、本人の意識次第なのです。

また四〇代になってからも長時間労働を続けている人の特徴のひとつに、「プレーイング・マネージャーをしている」ということがあげられます。

四〇代が三〇代までと大きく違うのは、多くの人が管理職になっていて部下がいるということです。管理職の仕事はその名前のとおり、部下をマネジメントしながら育てていくことです。メンバーの強みを引き出し弱みを隠しながら、チームとしてのパフォーマンスを最大限に高めていくことです。

これは簡単なことではありません。なにしろひとつのチームには、能力も経験も意欲もさまざまな人間が集まっており、それをあなたがマネジメントしなくてはいけないわけですから。

その大変な仕事を、プレーイング・マネージャーとして担当業務をこなしながらやろうとすれば、長時間労働になるのは当たり前のことです。

ではどうすればいいのか。答えは単純です。「プレーイング・マネージャー」をやめて、「マネージャー」だけに徹すればいいのです。

そもそも管理職がプレーヤーをやるというのは、部下から仕事を奪っていることにほかなりません。たしかに部下に仕事を任せるよりも、自分がやってしまったほうが、その場は早く確実に仕事を終わらせることができるでしょう。しかし自分でやってしまったら、部下はいつまで経っても経験を積むことができず、成長できません。

つまり管理職がプレーヤーまでやってしまうと、長時間労働になってしまうばかりか、部下を育てるという管理職としての重要な責任を放棄してしまうことにもなるのです。

ですから、プレーイング・マネージャーにはなってはいけないのです。マネジメントに徹することが大切です。チームとしての方針を示し、チームやメンバーの状況を把握しながら、適切な部下指導をおこなうことで、チーム力を高めていく。そうした仕事に全力を尽くすべきなのです。

そのためには、部下の前ではなるべく暇そうな素振りをしていることも大事です。もし上司が時間に追いかけられ忙しそうに働いていたら、部下は相談したいことがあっても声をかけにくくなります。悪い情報も上がってこなくなります。だから頭の中では「この部署をどうするか」「今度のプロジェクトをどうやって成功に導くか」といったことをフル回転で考えていたとしても、体のほうは空けておくことが大切になるのです。

重要度の高い仕事と低い仕事を見極め、またプレーイング・マネージャーをやめることによって時間に余裕ができたら、その時間を「人間としての幅を広げること」に使ってください。

組織では役職が上がれば上がるほど、より高い視点や深い思考でものごとを見ることが求められるようになります。

平社員のときであれば、自分の担当業務を確実にこなしてさえいればそれで十分に評価されました。しかし課長、部長、役員と役職が上がっていくとそうはいかなくなります。

会社は社会の中で存在しています。社会から認められないと会社は存続できません。役職が上がれば上がるほど、社会の中で自分たちはどのような役割を担《にな》っていて、何をすれば会社の発展につながるかということを、自分の頭で考えることが大切になります。

また部下から慕われ信頼される人物であるためには、洞察力や思考力、人間力を高めていく必要があります。

そのためには、今目の前にある仕事にがむしゃらに取り組んでいるだけでは不十分。本を読むことや異業種交流なども大切になりますし、異業種交流などを通じてさまざまな世界で働く人の生き方、考え方に触れることも大事になります。また自分が住んでいる地域の活動にも、ぜひ積極的に参加してほしいと思います。

三〇代までは、どれだけがむしゃらに働くかが、その人の成長角度を決めます。

しかし四〇代以降は、しなやかに生きることが、その後の人生を実り豊かなものにできるかどうかを決定づけることになります。

2 ビジネスマンの勝負は五〇代。四〇代であきらめるのはまだ早い。

私はかつて若い部下に対して、「三年でものごとが見えてくる。三〇歳で立つ。三五歳で勝負は決まり。そう思って仕事に励みなさい」と言っていました。

会社に入って三年も経てば、会社の仕組みや仕事のやり方、人間関係などが見えてきます。だからこの三年の間に「正しい人生観」「正しい仕事のやり方」「正しい人とのつきあい方」を身につけて仕事に取り組めば、三〇歳になった頃には周囲の人たちから「彼は将来有望な人材だ」と見込まれ、それなりに責任ある仕事を任されるようになります。

その責任ある仕事に懸命に取り組んでいけば、三五歳になったときには部長クラスの仕事をまっとうするだけの力を備えるのも難しいことではありません。

もちろん現実には日本の会社は経験を重視していますし、年功序列ですから、実際に部長になるのはまだ先の話です。三五歳の時点では、昇進・昇格で同期との間にそれほど差がつくことはありません。しかしそれは外形上のことで、実力的にはすでに決定的な差がついています。

ですから「三五歳で勝負が決まるよ」と若い人に言ってきたのです。

けれども私は最近、この考え方を改めるようになりました。もちろん三五歳までが重要であることは事実です。しかし人はその気にさえなれば、四〇代に入ってからでも成長を遂げることがいくらでも可能だと考えるようになったのです。

そう思うようになったのは、自分自身の人生を振り返ったときに、四〇代がいちばん成長したと感じるからです。

たしかに若いときは、やる仕事、出会う人、読む本など何もかもが新鮮で、そうした体験から人は貪欲にものごとを吸収していきます。けれども先ほども述べたように、若いときには知識や経験が不足しているので、後から考えれば余計な回り道もいろいろとしてしまうものです。

一方、四〇代にもなれば、知識や経験が蓄積され、ものごとのプライオリティ（優先順位）を見極める力もついているため、次第に回り道をしなくなります。そしてなんといっても大きいのは、サラリーマンの場合は四〇代にもなると、だいたいは部下ができるということです。

自分ひとりでできることは限られていますが、部下を適材適所に配置しながら上手に仕事を進めていけば、自分ひとりだけのキャパシティの何倍・何十倍ものエネルギーを要するプロジェクトを成功させることが可能になります。また、ものごとを達成するスピードも速くなります。

だから四〇代のこの時期を貴重なものと捉え、しっかりと生ききれば、三〇代までの遅れを取り戻すことはまだ十分に可能なのです。

出世争いという観点でいえば、サラリーマンの勝負は五〇代にやってきます。

五〇代になったときに、リーダーとして組織を引っ張っていくだけの力量を持った人物であるかどうかが見極められ、その評価が最終的に自分がどこまで出世できるかを決めます。

五〇代で勝負の土俵に上がりたければ、四〇代をどう生きるかがカギとなるのです。

ただし、最近の私は「人は何歳になっても成長することができる」と考えるようになっています。

日本航空を再建した稲盛和夫さんが二〇一二年二月に同社の社長に指名した植木義晴さんは、五〇代後半まではパイロットをしていました。専門職としての経験は豊富でしたが、経営にタッチしたことはありませんでした。それが二〇一〇年にＪＡＬが経営破綻したときに執行役員となり、そのわずか二年後には社長の座に就いたのです。

もちろん植木さんは、もともと優秀な人だったとは思います。しかし彼が抜擢されたいちばん大きな要因は、パイロットから経営に加わると決まったときから、「これからはＪＡＬの経営再建に全力を尽くそう」と、気持ちを切り換えて、新たな志を設定したことだと思います。

人は志さえあれば、何歳になってからでも成長することができるのです。

私は、浮世絵師の葛飾北斎の作品が大好きです。その代表作は『富嶽百景』や『八方睨み鳳凰図』をはじめとして、その多くが七〇代や八〇代のときに描かれたものです。

北斎が九〇歳で亡くなったときの辞世の言葉は、「天我をして五年の命を保たしめば、真正の画工となるを得《う》べし」（天が私にあと五年命を保つことを許してくれたなら、私は本物の画工になりえたであろうに）というものでした。

北斎は最後まで本物の絵師になろうと努力していたのです。

実は私自身も、この歳になってもいまだに成長を続けていると感じています。

私が人生初の著書である『ビッグツリー』（WAVE出版）という本を出版したのは、二〇〇六年六月ですから、六一歳のときのことです。それから出版社に頼まれるまま『そうか、君は課長になったのか。』『働く君に贈る25の言葉』（いずれもWAVE出版）などを書きましたが、それぞれベストセラーになりました。

書き進むうちに表現する技術は次第に向上していきました。こんなことは四〇代の自分には想像もできなかったことです。

読者のみなさんの中には、「自分の能力はこの程度かな」とすでに自分自身に見切りをつけようとしている人もいるかもしれません。

しかし四〇代であきらめるなんて早すぎます。いくつになっても志さえあれば人は成長できるのです。

3 会社での仕事も幸せ、家庭での生活も幸せな人生を目指そう。

家庭を犠牲にしてまで、会社のために働いている人がいます。逆に会社での仕事はほどほどにして、家庭や趣味を大切にしている人もいます。

仕事を優先すべきか、それとも家庭や趣味を優先すべきかについては、個人の生き方なので、第三者がとやかく言うべきことではないのかもしれません。けれども私は、会社での仕事が充実していて、なおかつ家庭や趣味も充実しているというのが、やはりいちばん幸せな生き方ではないかと思います。

「仕事かプライベートか」ではなく、「仕事もプライベートも」を目指したほうがより幸せになれると思います。

乱暴な言い方になりますが、「仕事よりも趣味に生きている」という人は、どこかで自分の成長をあきらめてしまっている気がします。

もちろん生涯を通じて追究できる趣味を持つことは大切です。休日に好きなことに没頭すれば、気持ちがリフレッシュされ、仕事への活力が生まれてきます。

また趣味は、始めた段階ではその分野についての表面的な理解しかできないものですが、究めれば究めるほど、そのものが持っている奥の深さに気づかされるものです。人は趣味を通じて、本物の重量感を知ることができます。

「仕事も趣味も大事」にしている人は、趣味を通じて知った本物の重量感を、自分の仕事でも味わいたいと考えるようになります。自分の仕事を少しでも本物に近づけようと努力し始めるのです。

こうして趣味を究めることで、仕事も究めたいという意識が生まれます。また自分の仕事を深めることによって、趣味に取り組むときの意識も磨かれていきます。趣味と仕事がお互いにプラスに作用し合うのです。

ところが「仕事よりも趣味に生きている」人は、趣味を通じて本物の重量感を知ったとしても、それを仕事に活かそうとはしません。これはとてももったいないことです。せっかくの自己成長のチャンスを自ら手放しているわけですから……。

もしかしたら、仕事よりも趣味を優先している人の中には、「積極的に仕事よりも趣味を選択した」というよりは、「仕事に限界を感じて、それで趣味のほうに逃げている」ケースが多いのかもしれません。だから趣味を通じて得たことを、仕事に活かそうとしない。

けれども繰り返しますが、あきらめるのは早すぎます。人はその気にさえなれば、何歳になってからでも成長することができます。

「仕事よりも家庭のほうを大事にする」という考え方についても、同じことがいえます。もしその人が、仕事よりも家庭生活のほうに積極的な意義を感じて、家庭のほうを重視しているのなら、それはその人の生き方です。第三者が口を挟むことではありません。

けれども、会社の仕事がうまくいかないから家庭のほうを選ぶとすれば、「仕事も家庭も、どちらもあきらめるな」と私は言いたい。

そもそも私は、よき職業人になれない人が、よき家庭人を目指そうとしても難しいと思います。特にホワイトカラーの場合、人とのコミュニケーション能力の有無が仕事ができるかどうかのキーになります。職場で上司や部下に気遣いができない人が、家庭で奥さんや子どもにこまかい心配りができるでしょうか。

「仕事に限界を感じたから家庭に逃げる」という発想では、どちらもうまくいかなくなる可能性があります。


一方、「家庭を犠牲にしてまで、仕事に没頭している人」の生き方はどうでしょうか。

私も仕事は好きですから、その魅力にとりつかれてしまう人の気持ちはよくわかります。

仕事には、いろいろな変数がかかわっています。自社のことだけを考えていては不十分で、社会やマーケット、消費者の変化、競合の動きにも目を配らなければなりません。また社内についても、製造部門の生産体制や営業部門の営業力、自分のチームの状況や上司との信頼関係など、刻々と変化するさまざまな要素を考える必要があります。

そうした自分の仕事を取り巻く環境の現状を正確に把握し、将来起こるであろうことを予測し、戦略を立てて実行する。これほど面白いゲームは世の中にありません。

でも面白くてついはまってしまうものだからこそ、ワーカーホリックに陥《おちい》らないように気をつける必要があります。

私はかつてある商社に勤める知人から、「日本の大手商社の役員の半分は家庭が崩壊しています。とんでもないことになっていますよ」という話を聞かされたことがあります。子どもが問題行動を起こしたり、奥さんがうつ病になったりという家庭が多いというのです。

夫が朝から晩まで仕事一辺倒で家庭を顧みない生活をしていれば、そういう状態に陥るのも無理からぬことだと思います。

ただし家庭が崩壊していても、仕事さえ充実していれば、まだその人にとっては救いがあるのかもしれません。

しかし私の経験でいえば、家庭を犠牲にして仕事だけに没頭している人は、会社だけの偏った世界がすべてになるので、やがて仕事でも頭打ちになるときが来ます。人間としての幅が狭いので、高い視点や広い視野に立ってものごとを見る力が弱いからです。

仕事仕事といってもそれはどこかで終わるのです。仕事を卒業したとき、もし家庭が崩壊していたら、自分にとってどれほど大事なものを失ったか、そのとき気がついても遅いのです。

4 将来に不安を感じたところで、何も始まらないし、どうにもならない。

今は先行きが不透明な時代だといわれています。経済が右肩上がりの成長を続けていた時代と違って、未来に向けての展望が持てず、会社や自分の将来に対して不安を感じている人が多いといわれます。私もときどきそんな相談を受けることがあります。

ちょうど今、四〇代に入ったばかりという人は、特に「自分たちの世代は損をしている」という思いが強いようです。

大学を出たときには、バブル崩壊後の就職氷河期で会社に入るのも大変でした。就職したら就職したで、不景気がずっと続き、給料もなかなか上がりません。国内の市場は縮小しているし、日本企業の国際競争力も低下するばかりです。そして自分の会社だってこれからどうなるかわからない。さらに老後を考えると、退職金や年金も十分にもらえるのかどうか、はなはだ疑問です。

「不安に感じることばかりで、希望が持てることなんてひとつもないよ」という気持ちになるのも無理からぬことなのかもしれません。


けれども、考えてみてください。人類の歴史の中で、将来への不安がまったくなかった時代など存在しません。高度経済成長期の頃だって、一人ひとりを見れば、貧困や病気や家庭の不和に苦しんでいた人はたくさんいました。

先行き不透明でした。私はまさに高度経済成長期まっただ中の一九六九年に東レに入社したのですが、その頃繊維業界のリーディングカンパニーのひとつはカネボウでした。私と同じ年にカネボウに就職した人のうち、「もしかしたらこの会社は将来潰れるかもしれない」という不安を抱きながら入社した人が何人いたでしょうか。皆無だったはずです。しかし現在、カネボウという会社は存在していません。どんな時代だって、先のことは不透明なのです。

イギリスの首相を務めたウィンストン・チャーチルは、「悲観主義者はいかなる好機の中にも困難を見つけるが、楽観主義者はいかなる困難の中にも好機を見いだす」という言葉を残しています。

結局のところ、将来を悲観的に捉えるか楽観的に捉えるかは自分次第です。将来を悲観的に捉えたところで、何も始まらないし、どうにもなりません。それなら楽観的に捉えたほうが生きやすいのです。

私は、「運命を引き受けて、その中でがんばる」という言葉が好きです。

私たちは生まれる時代や国や家庭を自分で選ぶことはできません。大金持ちの家の子どもに生まれる可能性もあれば、きれいな水を飲むことさえままならないアフリカの最貧国の貧しい家の子どもに生まれる可能性もありました。

ですから私たちは、自分が置かれた状況を所与の条件として引き受けながら、その中でがんばるしかないのです。

この「運命を引き受ける」という言葉は、実は私の母がいつも口にしていたものです。

母は二六歳で未亡人となり、その後女手ひとつで私たち四人の兄弟を育て上げました。朝は私たちが目をさます前から家を出て働き始め、帰ってくるのは毎晩一〇時過ぎ。一年で休むのはお正月とお盆ぐらいでした。

決して経済的に恵まれていたわけではなかったのに、母のおかげで私たち四人兄弟は全員が希望どおり大学に進むことができました。まさに母が運命を引き受けて、その中でがんばってくれたおかげです。

もちろん運命を引き受けてがんばったとしても、それでもうまくいかないことはあります。でもがんばらないことには、状況を変えることはできません。

将来に対する不安を誰もが抱きやすい時代であるのなら、だからこそ楽観的な努力家であることが大切になります。

5 不安な思いは周りと共有すると楽になる。

日本は一九九八年から二〇一一年まで、一四年連続で自殺者数が三万人を超える状態が続きました。

日本の自殺者数の多さは、ほかの国と比べてみるとよくわかります。内閣府『平成25年版自殺対策白書』によれば、日本の自殺死亡率（人口一〇万人当たりの自殺者数）は二四・四（二〇〇九年）ですが、アメリカは一一・〇（二〇〇五年）、イギリスは六・九（二〇〇九年）、フランスは一六・三（二〇〇七年）。韓国の三一・〇（二〇〇九年）やロシアの三〇・一（二〇〇六年）には及びませんが、主要国の中でもトップクラスの数値です。

私は自殺する人を減らす方法は、単純明快だと思っています。それは「ひとりで抱え込むのをやめること」です。

自殺をする人は、健康問題や仕事の問題、家庭の不和などさまざまな不安が積み重なって、気持ちが死へと向かいます。けれども、そのときに自分の不安や悩みを誰かに聞いてもらうことができたら、それらは大きく軽減されるはずです。

ところが、ひとりで抱え込んでしまっている人が多いのが現実です。


ある企業の部長さんの話です。その部長は毎週決まった曜日に「今日は早く帰る」と言って帰宅します。周りの部下たちは、部長が親の介護をしていて、そのために早く帰らなくてはいけない日があることにうすうす気がついています。ときどき部長の自宅から電話がかかってきて、やりとりが聞こえてくることがあるからです。

ところが部長は、自分が親を介護していることを決して打ち明けようとしないので、周りの人間も黙って見ているしかないのです。

打ち明ければ楽になるのに、と思います。

仕事と介護を両立させることが困難になったときには、周りの人間がフォローをしてくれるはずですし、ときには愚痴をこぼしたり、相談相手になってくれるかもしれない。
そうであるにもかかわらず、ひとりで問題を抱え込むことは、自分で自分を追い込むことにつながります。

また私が知っているある企業の重役の方は、うつ病になった娘さんを自殺で亡くされました。本人にとってはさぞかし悲しい出来事だったと思います。しかし娘の死を会社の人間には誰にも言わず、葬式も身内だけでひっそりとすませました。

その人が課長や部長として現場の第一線で働いていたときには、「鬼の○○」と言われるぐらいに、部下を厳しく指導することで知られていました。また部下に長時間労働を強《し》いる人でもありました。仕事のために家庭を犠牲にするなど当たり前のことと考えてきた人だっただけに、家庭の事情を周りに打ち明けにくかったのかもしれません。

しかし同じ職場で一緒に働いている仲間であるはずの同僚に、自分の娘が亡くなったことすら言えないというのは、さびしいし、悲しすぎます。一日のうち家族よりも長い時間を過ごす仲間にすら本心を隠さなくてはいけないとしたら、それはとても辛いことですし、こうしたことが日本のあらゆる会社で起きているとしたら、異常な状態です。

会社だけではなく地域においても、今の日本は個人が孤立しやすい状況にあります。昔は大家族でしたから、両親だけでなく、おじいちゃんやおばあちゃんもいるし、兄弟も何人もいました。また近所づきあいもありました。だから自分が苦しい状況に置かれたときに相談できる相手が近くにいたし、また悩んでいる人がいたときに、周りの人もすぐに気づいて声をかけやすい環境にありました。

しかし今は少子高齢化とともに家族の人数が減り、コミュニティの変容とともに近所づきあいもなくなりました。だから個人がとても孤立しやすくなっています。

それが日本の自殺死亡率が高どまりしている大きな要因であると私は考えています。

ではどうすればいいのでしょうか。繰り返しますが、答えは単純です。

「孤立しやすい状況にあるのなら、なおさらひとりで抱え込むのをやめること。周りの人に声をかけること」です。

私が課長に就任したのは一九八四年、三九歳のときですが、ちょうど同じ年に妻が肝炎を患《わずら》い、その後入退院を繰り返すことになりました。私は自閉症の長男を含む三人の子どもの世話と、妻の看病のために、毎日一八時には退社する必要に迫られました。さらにその後、責任感の強い妻は、自分の病気のために家族に負担がかかっていることを気に病み、うつ病も併発しました。

私はこうした家庭の事情を、思い切って部下たちに話しました。話すのは勇気がいることでしたが、私が残業できない理由をメンバーには知っておいてもらう必要があると思ったからです。家庭の事情を打ち明けるのは、私にとって必要に迫られてのことでした。

私が勇気を持って話してみると、最初はみんな驚きましたが、すぐに理解を示してくれました。そして「私もできる限り協力しますから、何かあったらいつでも話してください」という言葉をかけてくれたのです。

それだけではありません。「実は私も父を介護していまして……」というように、同僚や部下たちもプライベートな事情を打ち明けてくれるようになったのです。人は、誰もがなにがしかの事情を抱えながら仕事をしているのです。

ときにはプライベートな悩みがあることによって仕事で十分なパフォーマンスを発揮す

ることができなくなっていたり、仕事とプライベートの両立に苦しむこともあるでしょう。

そんなときに自分の苦しい状況をわかってくれている人が職場にいたら、それだけでも気持ちが楽になるものです。また大変なときには仕事の割り振りを工夫するなど、お互いに助け合うことも可能になります。

さらに私はある時点から、会社だけではなく近所の方に対しても、困ったときには遠慮をしないで頼ることにしました。

仕事と家庭を両立させようというときに、思いのほか大変なのが、市役所に住民票を取りにいくといった役所関係の手続きです。

私は一八時には仕事を終わらせるために、毎朝八時には会社に着くように出勤していました。ところが市役所が開くのは朝九時。そこから手続きをすませて電車に乗ると、会社に到着するのは一〇時半頃になります。つまり二時間半のロスが生じるわけです。そこからロスを挽回して一八時までに仕事を終わらせるのはかなり大変です。

そこで私は近所の奥さんに「申し訳ないのですが、市役所に住民票を取りにいってくれませんか」と、お願いをしてみました。すると奥さんも「いいですよ。買い物のついでに行ってきます」と気軽に引き受けてくださるのです。

隣の奥さんにとっては買い物ついでにできる、ほんのささいな手助けだったかもしれませんが、私にとってはその親切がどれだけありがたかったか。

私たちは、小さなことでも「こんなことを頼むと、相手に迷惑をかけてしまうんじゃないか」と考えがちです。けれども人は多かれ少なかれ「困った人がいたら助けたい」という気持ちを持っています。また、ある人にとっては大変なことも、別の人にとってはほんとうにささいなことだったりもします。ちょっとだけ勇気を持ってお願いをすれば、意外と喜んで引き受けてくれるものです。

迷惑をかけたぶんは、今度は相手が困っているときに恩返しをすればいいのです。世の中、持ちつ持たれつです。

もうひとつ、心がけていただきたいことがあります。会社や仕事の人間関係で悩んでいるときには、自分の奥さんにも悩みを話してほしい、ということです。「家庭には仕事を持ち込まない」ことが男の美学のように語られますが、あれはウソです。

奥さんだって、旦那さんが毎日辛そうな表情で会社に出かけて行けば、心配になるし助けたいという気持ちも強くなります。「どうせ会社の話をしたってわからないだろう」「こんな話をしたら機嫌が悪くなるんじゃないか」と思うかもしれませんが、それが逆に奥さんに疎外感を与えてしまうこともあるのです。

男の美学を貫くことは、自分を追い詰めるばかりか、奥さんの気持ちをないがしろにすることでもあります。

不安や悩みや苦しみは、ひとりで抱えるべきではありません。周りと共有すれば、驚くほど気持ちが楽になります。

6 人事ほど不公平なものはない。でも長い目で見れば帳尻が合っている。

「自分はきちんと評価されていない」という悩みを持つ人は、とても多いようです。そういう人に対しては、「そもそも人事なんて不公平なものだ」と答えるようにしています。

人事評価は、人が人を評価するものです。評価する側の価値観や好き嫌いが必ず評価には反映されてしまうのです。

だから私は課長時代、新しい部署に配属になったとき、前任課長による部下への人事評価については一切参考にしないようにしていました。後任者が前任者の人事評価を真に受けると、公正に部下を見る目が曇ってしまうからです。ほんとうは優秀なのに前任課長の下でくすぶっていた部下を、発掘することも難しくなります。

そして私自身が部下を評価するときには、「人は主観的な生き物であり、自分もまたそのひとりである」ということを肝に銘じたうえで、できる限り己の好き嫌いや価値観から離れて、客観かつ冷静に評価することを心がけてきました。

しかしそれでも人は、主観から逃れることはできないものです。私の場合、ほかの管理職に比べればいくぶんはましだったかもしれませんが、それでも主観に頼る部分がずいぶんあったと思います。同様に、私が上司から評価をされる際にも、主観で評価されていたことでしょう。

このような状況に対して、自分の実力が正当に評価されていないと思えば、当然不満は溜まります。けれどもこればかりはしかたがありません。人事ほど不公平なものはないのです。

ただし一方で、不公平な人事評価がずっと続くこともない、というのが、私の結論です。上司は、数年もすれば入れ替わります。前任者は自分との相性が悪い上司だったとしても、後任の上司は相性がばっちりで、自分のことを高く評価してくれるかもしれません。努力を惜しまず、まっとうに仕事に取り組んでいれば、多少のでこぼこはあったとしても、均《なら》せばその人の実力や努力に見合った評価が下されるものです。

だから、そのときどきの人事評価に一喜一憂しないことです。長い目で見ればだいたい帳尻が合うのです。

しかし多くの人は、その「長い目で見る」ということがなかなかできないのだと思います。相性が悪く自分のことを嫌っている上司が、あと二年もすれば異動になることがわかっていたとしても、その二年が苦しくてしかたがなかったりします。

けれどもどんな人でも、長いサラリーマン人生では必ずそういう時期があるものです。三〇~四〇年のうちのたった二年です。「まあ、そんなこともあるさ」と思っていればいいのです。

内閣総理大臣にもなった広田弘毅は、もともとは外交官でした。広田が外交官を務めていた時期、外務省は幣原《しではら》喜重郎の時代で、幣原とソリが合わなかった広田は、省内で冷や飯を食わされることになります。そして一九二六年には、決して花形とはいえない仕事場である小国のオランダに左遷されました。

そのオランダ公使を任じられたときに、広田が詠んだ俳句があります。

「風車　風の吹くまで　昼寝かな」

肩に入った力がふっと抜けるような、素敵な句だとは思いませんか。

上司からまっとうな評価をされないときには、それぐらいの気持ちでいればいいのです。それが、何事にも動じない心を手に入れることにもつながります。

7 左遷は、その後の人生の糧となる。

前項で、広田弘毅がオランダに左遷されたときに詠んだ「風車　風の吹くまで　昼寝かな」という句を紹介しましたが、広田はオランダ在任中、ほんとうに昼寝をしていたわけではありません。

オランダは当時、すでにヨーロッパの主役ではなくなっていましたが、かつてはオランダ海上帝国を築き、世界の海を支配したこともありました。そこで広田は、なぜこの国が小国ながらも世界を制覇できたのかその理由を探ったり、列強ひしめく中で小国として生き残っていくためのヒントを日本のためにオランダから学びとろうとしました。オランダにいる機会を利用して、小国という立場から世界を見る視点を身につけようとしたのです。

これはアメリカやイギリスといった外交の表舞台にいる人間にはできないことです。つまり彼は左遷を左遷で終わらせず、自分を高めるチャンスに変えたのです。

その後広田は、日本が満州事変や満州国宣言、国際連盟脱退などによって国際的な孤立を深める中で、日本の外交を任せられるのは彼しかいないという周囲の期待のもとに、外務大臣、やがては内閣総理大臣に任じられます。そして「昼寝」の間に培《つちか》った見識を活かして、日本を窮地から救おうとします。残念ながら彼の努力は実を結ばず、日本は戦争への道を突き進むことになりましたが……。


私が広田の生き方を見て思うのは、左遷をほんとうの左遷にしてしまうかどうかは、結局のところ自分次第であるということです。

閑職に飛ばされたことにショックを受けてお酒ばかり飲んでいたら、文字どおりの左遷になってしまいます。

けれども閑職という時間を、自分のこれまでの人生を立ち止まって振り返ってみることに使ったり、忙しいときにはできなかった勉強に用いれば、何事にも代えがたい貴重な時間にできます。また傍流にいるからこそ、業界や市場、会社の課題や可能性が見えてくることもあります。

何より逆境は人を強くします。逆境は「そこで腐って落ちてしまう人間」と「それを踏み台にして這い上がっていく人間」を選別しますが、挫折をスプリングボードにして這い上がってきた人間は、見違えるほど強くなります。

同じように逆境をその後の人生の糧《かて》にした人物に西郷隆盛がいます。隆盛は三四歳からの二年間、島津久光に疎《うと》まれて、遠島に流罪《るざい》に処せられていた時期がありました。

このとき隆盛は、佐藤一斎の『言志四録』の中から自ら選んだ一〇一条を繰り返し何百回も読むことで、その思想を自分の体の中に叩き込みます。ちなみに『言志四録』は佐藤一斎が朱子学の思想に基づいて書いた語録で、全編で一一三三条からなっています。当時はリーダーたる者の指針の書とされていました。

隆盛はこの書を読みながら、「道をおこなうとはどういうことか」「聖賢の道とはどのようなものか」を体得していったのです。隆盛が幕末から明治維新において傑出したリーダーになりえたのは、この遠島での二年間の日々が礎となっています。

左遷をされれば、誰だって落ち込むし悔しい気持ちにもなります。しかし三〇代、四〇代での左遷は、その後の挽回がいくらでも可能です。むしろ左遷の時期をしっかりと生きれば、その後の人生の糧となります。

左遷をされたときには、「自分を高めるチャンスがやってきた」と捉えたほうがいいのです。

第2章

仕事のプロになる

8 仕事の効率化は企業の最大の課題。そのことに誰もが無頓着すぎる。

私は若いときから、日本企業の非効率的な仕事の仕方が嫌いでした。

いつも成り行きで仕事を進める課長の下で働いていたときには、ことあるごとに課長と対立していました。その課長は、重要度も緊急度も高いとは思えない資料を作成するために部下に急な残業を命じたり、定時以降の会議を来る日も来る日も開くといったことを日常的におこなっていたからです。

しかしどんなに反発したとしても、所詮は上司と部下の関係です。部下である私は、最終的には上司の命令に従わざるをえません。だから「今は自分の主張を通すのは無理だけど、自分が課長になったら絶対にあんなふうにはしない」と心に決めていたのです。

そして私は三九歳で課長になったとき、さっそく徹底した計画主義、効率主義によるチームマネジメントを実践することにしました。

まず手がけたのは、自分が着任した課の仕事のムダを徹底的に洗い出すことでした。私の課では、その週に自分が実行した仕事を、業務週報として課長に提出する習慣がありました。そこで私はこの業務週報を活用して、部下全員の過去一年間の業務内容を表をつくって分析することにしました。表の縦列に担当者名、横列に「四月、五月……」と時系列にすれば、誰がどの時期にどのような仕事をどの程度実行したかが一目瞭然《いちもくりょうぜん》です。

すると興味深い事実が明らかになりました。さして重要ではない業務を三カ月間続けていた部下もいれば、重要な業務に三週間取り組んだものの、途中でやめてしまった部下もいることがわかったのです。どちらも大幅な時間のロスです。

次に私はそれぞれの業務について、本来どの程度の期間で終わらせるべきなのか、必要工数を設定していきました。たとえばある部下が三カ月間続けていた「さして重要ではない業務」は、本来は二週間で終えるべき仕事なので、必要工数は〇・五カ月。またある部下が三週間取り組んだものの中断してしまった「重要な業務」については、本来は二カ月かけてでも完遂すべき業務だったので、必要工数は二カ月というようにです。

そうやって課全体の必要工数を合計してみると、なんと実際に部下全員が投入した工数の四〇％程度ですむことが明らかになりました。つまり効率的に仕事を進めていれば、半分以下の時間で仕事を終わらせることができたのです。こうした膨大なムダが発生していたのは、あらかじめ計画を立てずに、みんな成り行きで仕事をしていたからです。

そこで私はこの分析結果を部下に示し、今後は最初に必要工数を設定したうえで、それぞれの業務に計画的に取り組んでいくことを命じました。たとえば必要工数を〇・五カ月に設定した業務であれば、重要度はその程度ということになります。であるならばその業務の中でも不要な作業をカットすることによって、半月で業務を終わらせるように部下に指示したのです。

こうして私は徹底した計画主義と効率主義によって、チームのメンバー全員が残業なしで、しかもきっちり成果を出す体制を築くことを目指しました。

こういうエピソードを話すと、「佐々木という人間は、なんとマニアックな人間なんだ」と思われる方がいるかもしれません。しかし私はマネージャーであるならば、本来誰もが取り組むべきことだと思います。

企業の利益は、売上からコストを差し引くことによって算出されます。利益をあげるためには、売上を伸ばすとともに、コストを削減しなければなりません。ムダな作業が多いということは、そのぶんムダなコストが生じていることになります。効率化によって、ムダな作業の削減をはかるのは当然のことです。

日本のビジネスマンは、ムダな作業がコスト増を招いていることに対して無頓着すぎます。それどころかムダな作業に取り組むことで残業が多くなっている人間ほど、「彼はいつも一生懸命仕事をやっている」と評価される傾向すらあります。私はこの無頓着さが、長時間労働を生み出す大きな要因になっていると思っています。

私たちは毎日長時間働いていると、たくさんの仕事をこなしている気分になります。しかしそれは幻想です。

人間が一日に集中できる時間には限界があります。もちろんたった一日だけだったら、高い集中力を維持したまま、一〇時間、一二時間働くことも可能でしょう。みなさんも緊急事態が発生したときに、普段ではありえないようなものすごい集中力を発揮して、長時間働き続けた経験があると思います。

しかしその集中力を維持したまま、来る日も来る日も長時間労働を続けるのは不可能です。とてもじゃありませんが、頭も体も持ちません。

逆にいえば多くの人が毎日長時間働くことができているのは、どこかで手を抜きながらだらだらと仕事をしているからです。つまり長時間労働は、働いている時間は長いけれども、労働生産性という点ではきわめて問題のある働き方なのです。

また私は、効率化のポイントは「重要な仕事とそうでない仕事を選別すること」にあると考えていますが、長時間労働を許す職場だと、選別の必要がなくなります。重要な仕事であっても重要な仕事でなくても、とにかく時間をかけて取り組めばいいわけですから。

優先順位をつけて戦略的に仕事に取り組むことは、ビジネスマンが身につけなければいけない大切な能力のひとつですが、長時間労働が常態化している職場では、その能力を身につけるチャンスが奪われます。

私は日本企業において長時間労働が常態化している状況を改める必要があると考えていますが、それは単に個人のワーク・ライフ・バランスを実現することだけが目的ではありません。企業にとって最大の経営課題のひとつである生産性向上のためにも、労働時間の削減は必須なのです。

業務の効率化による生産性向上が実現できるかどうかは、チームリーダーのマネジメント力が肝となります。この本の読者のみなさんは、リーダー職になったばかりの方も多いと思いますので、ぜひそのことを意識しながら日々のマネジメントに取り組んでください。

9 我欲を捨てたとき、仕事の結果も人もついてくる。

ビジネスマンであれば、「仕事で成果をあげて、上司や同僚から高い評価を得たい」という欲は誰しも持っていると思います。

欲を持つのは、悪いことだとは思いません。適切な欲は人間を成長させるエンジンとなります。ただ、あまりに強い我欲は、人に見抜かれます。結局、ほんとうに仕事で成果をあげたいのであれば、我欲は捨てたほうがいいのです。

私は若いときに、ある経験を通じてそのことを学びました。

一九七七年一二月のことです。石川県金沢市に本社がある一村《いちむら》産業という大手繊維商社が経営破綻をしました。もしそのまま倒産ということになると、負債総額は一五〇〇億円にのぼり、戦後二番目の大型倒産になると噂されていました。

一村産業が拠点を置いている北陸地方は、合成繊維の産地です。一村産業が倒産すると、連鎖倒産などによって地域経済に与える影響は甚大なものになることが予想されました。そこで時の通商産業大臣は、一村産業と取引関係のあった東レに対して、経営救済支援の要請を出しました。

要請に応えて、東レでは翌年一月に営業、技術、経理、人事、管理などのエキスパート一二人を一村産業に送り込みました。その中のひとりに私がいました。当時私は三三歳。メンバーの中では最年少でした。

それから約三年半、私は金沢の地で一村産業の経営再建に文字どおり全力で取り組むことになりました。毎日仕事を終えるのは夜中の一一時や一二時。土日もほとんど出勤です。毎月の残業時間は軽く二〇〇時間を超えました。

ワーク・ライフ・バランスも何もあったものではありませんが、経営再建中という非常時でしたからやむをえません。ただし、まったく手を抜かずに毎日長時間労働をおこなうのはやはり不可能なようで、私の場合は、四カ月に一度ぐらいの頻度で突然高熱を出して倒れて寝込むということを何回も繰り返しました。

この三年半に及ぶ一村産業での経験は、大変ではありましたが、私に多くのことを学ばせてくれました。その中でも特に大きかったのが、「自分のために結果を出すことを目的にしていたら結果は出なくなる。周りの人を幸せにすることを目的にすれば、彼らは動いてくれるので、自分の結果も出る」ということだったのです。

東レから一村産業に派遣された一二人は、精鋭中の精鋭でした。事実、このうちの六人が後に東レの取締役に就任しています。

しかし頭が切れて仕事ができる人間であれば、それだけで社員がついてきてくれるかというと、そんなことはありません。精鋭一二人のうち、社員から信頼を勝ち得ることができたのはおそらく半分ぐらいだったと思います。

東レから送り込まれた出向者の中には、「この経験を自分が東レで出世するための踏み台にしたい」という思いのほうが先に立っている人が少なからずいました。

すると一村産業の社員たちは、ちょっとした言動から「この人は俺たちのためではなくて、自分のために仕事をしているのだな」ということを鋭く見抜きます。そしてそういう出向者には決して心を開かず、面従腹背《めんじゅうふくはい》で仕事をしていました。これでは経営再建がうまくいくはずがありません。

一方で、「なんとかこの会社を立て直したい」「社員を路頭に迷わせるわけにはいかない」という思いを強く持って仕事に取り組んでいる人もいました。一村産業の社員たちも彼らに対しては、「あの人は自分たちのことを思ってくれている。だから自分もあの人のために働こう」という気持ちになり、一生懸命動いてくれます。

そうした様子を、私はすぐ近くでつぶさに見ることができました。

では私自身はどうだったのか。

私が担当した業務は企画管理的なもので、会社のあらゆるセクションの問題点を整理し、改善策を立てて実行するというものでした。

さまざまなセクションの問題点を抽出するためには、社員が会社に対してどのような不満や不安を抱いているか、会社のどんな部分に問題を感じているかについて、社員の本音を引き出していくことが大切になります。

私には一村産業の社員が置かれている状況の厳しさ、辛さが痛いほどわかりました。

会社がおかしくなったのは彼らのせいではなく、経営者が杜撰《ずさん》な経営をおこなっていたからです。でもそのしわ寄せは社員にやってきて、彼らは厳しい賃金カットやボーナスカットを強いられています。さらには突然会社に送り込まれてきた東レの社員から、あれこれと強い要求が出される。

「やってられないな」という気持ちになってもおかしくないはずです。

そこで私は、彼らと同じ目線に立って仕事をすることを心がけました。上から指示を出すのではなく、社員と一緒になって考え取り組んでいくという姿勢を大切にしたのです。

「会社を立て直したい」という思いは、社員も私も同じなわけですから。

当初社員たちは、私が信頼に足る人間かどうかについて、半信半疑なようでした。しかし私が彼らの不安や不満の声にちゃんと耳を傾けようとしていることや、デリケートな部分の話については情報の取り扱いに細心の注意を払っていることを知り、やがて何でも話してくれるようになりました。

ここでひとつポイントになったのは飲み代のことでした。彼らと話をするためには、昼間の時間だけでは足りません。しばしば夜一緒に飲みに行くことになりました。ただし彼らは賃金カットをされているうえにボーナスもほとんど出ません。そこで飲み代については、すべて私が自腹で払うことにしたのです。そのため私の貯金は半年で一〇〇万円も減ってしまいました。当時大卒の初任給は一三万円ぐらいでしたから、一〇〇万円はかなりの出費でした。

最終的にはそのことを知った上司から「会社のために飲んでいるのだから、飲み代の請求書を会社に回しなさい」と叱られ、さすがに自腹を切ることはやめました。ですが、それ以前には自腹で飲み代を出していたことを知った何人もの社員が、「佐々木さんは会社のこと、自分たちのことを真剣に考えてくれている。私はあなたについていきます」と言ってくれたのです。

忘れられないのが、私が東レに戻ることになったときに開いてくれた送別会の後の出来事です。一村産業の全管理職が集まり、金沢のいちばんの繁華街である香林坊《こうりんぼう》の交差点で、私のことを胴上げしてくれたのです。

一緒に参加していた東レから出向していた専務は、「こんなことをしてもらえるなんて、出向者の中でもおまえぐらいだぞ」と驚いていました。私自身、会社からの評価より、仕事が成功したことより、何よりそのことが嬉しかったのです。

私はこうした経験によって、「周りの人を幸せにすることをいちばんに考えれば、周りの人も自分のことを思ってくれるから、結果的に自分も幸せになる」ということを学んだのです。


私は以前、マハトマ・ガンディーを主人公とした映画を観たときに、「ガンディーほど幸せな人はいないな」と感じたことがあります。

ガンディーはインドを独立に導くことに自らの人生を捧げましたが、それゆえにあらゆるインド人から尊敬と思慕の対象になりました。ガンディーが人々の前に姿を現すと、誰もが彼に駆け寄り、声をかけ、手を握ろうとします。

ガンディーの心の中は、きっと充足感で満たされたことでしょう。

自分が幸せになることと、他者を幸せにすることは対立する概念ではありません。

仕事で成果をあげたければ、自分のことよりも、同僚や部下のこと、お客さまのこと、社会のことを優先して働ける人間であることが大事。すると仕事の成果をあげることができます。

世のため人のために生きることが、いずれ自分に跳ね返ってくるのです。

10

いきなり会社を変えることは難しくても、自分の課なら変えられる。

「今の会社は利益ばかり追求している」「顧客のことを無視している」……そう思い、フラストレーションを溜めている人は多いことと思います。

実際、「会社は何のために存在しているのか」と聞かれたら、私は「社会に貢献するため」と答えます。世の中や人々の生活をよくする優れた商品やサービスを提供することで、社会に貢献するのが会社の使命です。

会社の目的は利益の追求ではありません。利益の追求は会社を存続させる手段にすぎず、また社会に貢献した結果として得られるものにすぎません。

社会的な責任をまっとうできなかった企業は、やがて人々からの信頼を失い、市場から消えていくことになります。集団食中毒事件や牛肉偽装事件を起こした雪印や、粉飾決算を繰り返したカネボウがそうでした。

逆に危機に直面したときでも、社会に貢献する姿勢がブレない企業は、人々からの強い支持を集めることになります。

一九八二年、ジョンソン・エンド・ジョンソンが販売している「タイレノール」という解熱鎮痛薬に、何者かが毒物を混入したことによって七人が命を落とす事件がアメリカで発生しました。

このときのジョンソン・エンド・ジョンソンの対応は迅速なものでした。

事件報道の後、ただちにテレビ等を通じて消費者に製品の使用中止を呼びかけるとともに、全米の小売店からタイレノールを回収するという決定がなされたのです。そして同社は莫大な予算を投じて、一〇万回を超えるテレビ放映などを通じて、商品の回収と使用中止を呼びかけ続けました。

ジョンソン・エンド・ジョンソンの迅速な対応のベースになっていたのは、同社の「Our Credo（我が信条）」に書かれていた「我々の第一の責任は、我々の製品およびサービスを使用してくれる医師、看護師、患者、そして母親、父親をはじめとする、すべての顧客に対するものであると確信する」という言葉です。

同社はこの理念に沿って、商品の使用中止と回収に全力を傾けることを即決したのです。これによりジョンソン・エンド・ジョンソンに対する消費者からの信頼は逆に高まることになり、この事件がその後の同社の飛躍のきっかけとなりました。


こういうエピソードを聞くと、読者のみなさんの中には「うらやましいな」と感じられる方がいるかもしれません。

「うちの会社にも一応経営理念はあるけれど、すっかりお題目になっている。上の連中は、みんな利益を追求することしか考えていない。だからジョンソン・エンド・ジョンソンのような会社がうらやましい」と。

しかしもしそうならば、あなたのやるべきことは明快です。あなたが会社を変えればいいのです。

私は、「会社がダメだから、よい仕事ができない」ということを、多くの人が口にすぎだと思います。自分も会社の一員であるという大切なことを忘れています。

もちろん本書の読者は中間管理職の人が多いでしょうから、いきなり会社全体を変えるのは難しいかもしれない。でも自分の課なら変えられるはずです。

会社の経営理念が形骸化していて、メンバーの心に響かないものになっているのなら、チームの経営理念を自分でつくって、自分のチームだけはそれを実践すればいい。そうやってチームを変革すれば、その影響はやがて周りの部署にも及んでいきます。

「あの部署はいつも活き活きと仕事をしていて、お客さまからも喜ばれ、しかも売上や利益をあげている。うちの部署もあの部署を真似しよう」

ということで、あなたが掲げた経営理念がほかの部署にも取り入れられます。そしてあなたの取り組みは全体にも波及し、最終的には会社を変えることが可能になります。

あなた自身が当事者意識を持って会社や部署を変えていこうとしないと、自社を「社会に貢献する会社」に変えていくことはできません。

11
ほんとうにやるべきことは、万難を排してもやり遂げよ。

前項で「当事者意識」という言葉を使いましたが、メンバーの当事者意識が欠落している組織では、「このまま行ったら、うちの事業部はまずいかも……」ということにみんな薄々気がついていたとしても、結局誰も何もしないまま状況がどんどん悪化するということが起きます。

「このまま行くとうちの事業部に未来はない」ことに気がついたら、気がついた本人がアクションを起こすべきです。たとえどのような困難が待ち構えているとしても、やり遂げようとする決意と覚悟が必要です。

一九八九年、私は漁網と釣り糸の原材料を販売する部門の営業課長に就任しました。それまでずっと管理部門で働いていた私にとって、営業部門で働くのは初めてのことでした。

その部署では漁網用原材料のシェアは五〇%と好調だったのですが、釣り糸用原材料については二〇%と苦戦していました。原因を調べてみると、流通経路に問題があることがわかりました。東レ→販売元（大問屋）→問屋→小売店という多段階の販売流通経路となっており、小売段階ではどうしても価格を高めに設定せざるをえなくなっていたのです。

一方、当時小売業界では、釣具を比較的安価で販売する大型量販店が台頭してきていました。品質は変わらないのに安く釣具を買えるお店と、高い価格でしか買えないお店のどちらをお客さまが選ぶかといえば、前者に決まっています。

東レが今のサプライチェーン（多段階の販売流通）で事業を続けている限り、未来はないことは誰の目にも明らかでした。そこで私は「二年間のうちに、東レから直接大型量販店に販売する新しい流通経路を構築する」ことを目標に定めました。

なぜ二年間かというと、おそらく自分は二年ぐらいで別の部署に異動することになるだろうと予想していたからです。のんびりと構えていたら、何もできないうちに私の任期は終わります。そして後任者が私の取り組みを受け継ごうとしなかったら、私が描いた構想は頓挫《とんざ》してしまうことになります。

だからなんとしても二年でやり遂げようと思ったのです。

新しい流通経路を構築するという私の提案に対して、上司である部長は当初難色を示していました。

「そんなことをやって、今のお客さまはどうするんだ?」

と言うのです。

部長の言うお客さまとは、販売元(大問屋)や問屋のことです。彼らからの強硬な反対は当然、予想されることでした。

しかし私は、ほんとうのお客さまは最終消費者であると考えていました。いくら販売元や問屋を大事にしても、最終消費者から支持を受けないと売上は激減し、結局は販売元も問屋も事業を続けていくのが困難になります。いずれにしても今のやり方では、この事業に未来はないのです。

しぶる上司を説得して、私は自分の構想を実現に向けて動かすことにしました。

当時、釣り糸用原材料の販売で東レと取引をしていた大問屋は四社ありました。私はこれを一社に統合し、この新会社が小売店に直接販売するという仕組みをつくろうとしました。

予想できたことではありますが、大問屋のうち三社は私の案に強硬に反対してきました。普通ならここであきらめてしまいます。私はなんとか反対を突破する方法はないかと考え、三社のうちの一社に狙いを定めて、説得工作にあたることにしました。

狙いを定めた会社の社長はお酒が大好きだったので、私はその方を頻繁に酒の席に誘いました。そうやって心を開いて話ができる関係にしたうえで、私は彼にこう話を持ちかけたのです。

「今ある大問屋を一社にまとめることができたら、御社の釣り糸販売の社員はすべて引き受けますし、のれん代も三年分払います。御社はすでに売上も利益も頭打ちですし、このまま問屋の事業を続けてもじり貧ですよね。のれん代で一息つくことができますし、新会社に出資いただければ配当も期待できます。悪い話ではないと思いませんか」と。

そしてついに私は、社長を「うん」とうなずかせることに成功しました。こうして私の案に賛成の会社が二社、反対の会社が二社になりました。

次に私は、私の案に賛成してくれた二社と東レの三社によって新会社を設立し、新会社が直接小売店と取引するという方針を打ち出しました。すると反対している二社も、東レ＋二社連合にはとても太刀打ちできなくなります。そのため賛成にまわらざるをえなくなりました。

こうして私は四社による新会社設立を実現し、同時に販売流通経路の変革を成し遂げたのです。

その二カ月後、私に別の部署への異動の通知がありました。予想どおりぴったり二年での異動でした。

まさに「力ずく」という言葉がふさわしいやり方でした。ただ、こうまでして実現しようと思ったのは、「既存の流通経路のままでは、この事業に未来はない」と考えたからです。

「このままでは未来がない」ことについては、私に限らず多くの人が気づいていたとは思います。

けれども「これまでお世話になってきた問屋さんに何を言われるだろうか」とか、「私の任期中に、これだけの大変革ができるだろうか」といったことを考えると、やはり尻込みしてしまったのでしょう。だからわかっていても行動に移せなかった。

しかしそれがほんとうの意味で会社やお客さまのためになることであるならば、万難を排してもやり遂げることが大切です。そうでないとチームを変えること、会社を変えることはできません。

12

嫌いな上司すらも味方につけることで、自分の仕事を実現する。

私たちは人間関係の中で仕事をしています。みんないい人ばかりで、気が合って、楽しく仕事ができるのならそれがいちばんですが、そんな恵まれた環境で働ける確率は非常に低い。どうしても相性が合わない上司や部下、お客さまがいるものです。

その中でも特に辛いのは、上司とのソリが合わない場合でしょう。上司が自分のことを嫌っていたり、評価してくれないという状態が長く続くと、毎朝会社に出勤することさえ憂うつになるものです。自分なりに仕事で実現したいことがあっても、上司から否定されたら何もできなくなってしまいます。

相性が悪く自分のことを嫌っている上司の下で働くことになったときには、「まあ、そんなこともあるさ」ぐらいの気持ちで働くことが大事だということは前述しましたが、もうひとつ心がけておくべきことがあります。

上司が自分のことを嫌っているのなら、自分のことを好きにさせてしまえばいいのです。「そんな無茶な」と感じられるかもしれませんが、私は可能だと思っています。

これまで私は、ほとんどの上司とはうまくつきあうことができましたが、ひとりだけどうにも苦手な上司がいました。そのときに心がけたのが、まさにこの「好きにさせる」ということ。具体的には、自分に対する上司の注文を徹底的に聞くということでした。

上司はあなたに対して、「ほんとうはこうあってほしい」という期待を持っているのに、その期待にあなたが応えていないから不満を抱くのです。たとえば「ほんとうは自分の片腕として若手をまとめる存在であってほしいのに、彼はその役割をまっとうしていない」というように。

そこで大切になるのは、上司があなたに対して何を期待しているかを正しく知ることです。もしわからなければ「私の仕事のやり方のどこに不満を感じていますか」とはっきり質問してもいいでしょう。そうやって上司の期待値を知り、それに応える努力をするのです。

その際に、一段上の視点に立ってものごとを考える習慣をつけることも大事です。「もし私が部長だったら、課長である自分に何を求めるか」といったように、上司の立場から自分のことを見られるようになると、何を求められているのかがつかめます。

こうして私も、苦手だった上司の期待に徹底的に応えることで関係を改善することができました。

その後、その上司が異動になりました。関係が改善されたとはいえ、苦手意識が抜け切れていなかった私は、「これでやっとあの人から解放された」とホッとしました。ところが三カ月後にその上司から指名を受けて、また同じ部署で働くことになったのです。すっかり私はその上司の「お気に入りの部下」になってしまっていたわけです。

ただ、それからその上司は、私のことを最大限にサポートしてくれる上司に変わっていったのです。

会社組織では、上司が上、部下は下の立場にあるわけですから、上司と張り合ったところで部下に勝ち目はありません。敵対関係になっても勝ち目はないのなら、発想をガラリと変えて友好関係を築く努力をしたほうが得策です。

上司の期待に応えることで、あなたに対する満足度が高まり、評価も上がっていきます。上司はやがてあなたを応援するようにもなってくれます。あなたの仕事にこまかく注文をつけるようなこともなくなるでしょう。

自分の仕事を実現したいなら、相性の悪い嫌いな上司さえも味方につけてしまうことが大切です。

第3章

信頼される上司であるために

13

自分を確立しないと、リーダーシップは発揮できない。

課長職や部長職にある人のことを、「チームリーダー」と呼ぶこともあれば、「ミドルマネージャー」と呼ぶこともあります。課長職や部長職にある人は、よきチームリーダーであると同時に、よきミドルマネージャーであることが求められます。

ただ、「マネージャー」になることはできても、「リーダー」になることができない、という人は多いようです。では、チームリーダーとミドルマネージャーの違いはどこにあるのでしょうか。

『武士道』などの著書で知られ、農政学者であり教育者でもあった新渡戸《にとべ》稲造の言葉に、

「to beというのは、to doというよりもはるかに重んずべきものぞ」というものがあります。to beとはそのまま訳せば「あること」、to doとは「なすこと」という意味になります。

私はこのto beとto doの違いこそが、リーダーとマネージャーの違いであると考えています。

マネージャーに求められているのは、組織が決めたことを着実に遂行することです。つまりto doが求められます。

一方リーダーに求められているのは、正しくあることです。「自分自身はどう正しくあるか」「会社はどう正しくあるか」を考え、その考えを自分の中に確立していることがリーダーには求められます。これが新渡戸のいうところのto beです。

新渡戸がto doよりもto beのほうを重んじるべきだというのは、会社を例にすれば、どんなに優れたマネジメント能力があったとしても、組織を間違った方向にリードしてしまったら、社会やお客さまからの支持を得られなくなるし、社員も幸せにできないからです。ときには、組織の存続さえ危うくすることもあります。

もちろんマネジメント能力を磨くことも大切ですが、優れたto beがあってこそそのto

doなのです。

「この人と一緒に仕事がしたい」と部下から思ってもらえるリーダーになるためには、to beを自分の中に確立することがとても重要になります。自分の生き方、考え方、働き方を確立するのです。四〇代はちょうどその時期にあたります。

私自身は四〇代に入った頃から、毎年お正月休みに年頭所感を書くようになりました。自分はこれからの一年間、どんな価値観を大切にしてどのように生き、どう働くのかをA4の紙一枚に書き出すのです。

この年頭所感を毎年続けていると、五年前に自分が何を考えていたか、三年前にはどんな決意をしたか、自分の思考の軌跡がよくわかります。だんだんとブレない自己、to beが自分の中に確立されていくのです。

そのおかげで、今の私は仕事や人生に対するどんな質問がきたとしても、ブレずにすぐに答えることができるようになりました。やや変化球の質問がきたとしても、自分の中のto beに照らし合わせて考えれば、その延長線上で答えることができるのです。

もちろん、最初からそんなことができたわけではありません。徐々に続けていくことで、やっとブレない自分を手に入れることができたのです。それまでは、部下から仕事や生き方に関する質問をされたときに、即答できないこともよくありました。

そこで大切なのは、その場の思いつきで答えないことです。「その質問については自分もよくわからないから、少し時間がほしい」と正直に答えて、二日なり三日なりその問いと真摯《しんし》に向き合ってみます。そして熟考の結果を相手に話します。

自分にとっての to be を磨くことを怠らないようにしてください。to be を持っているか否かが、よきリーダーになれるかどうかの分かれ目となります。

14

最近の若いヤツは飲むのが嫌いなわけではない。あなたと飲むのが億劫なだけ。

「最近の若いヤツは、仕事とプライベートを分けて考えているので、上司とは一緒に飲みたがらない」とよく言われます。

しかし私はそうではないと思っています。

最近の若いヤツだって、仕事で壁にぶち当たっているときには、事情をよく知っている人に話を聞いてもらいたいものです。心を許せる相手であれば、たとえ上司であっても、ときにはプライベートな話だってしたいものです。

人間は、心にいろいろな思いを抱え込んだまま、誰にも喋らずにいられるほど、強い生き物ではありません。それは時代や世代とは関係ないことです。若い人だって話をしたがっているし、聞いてほしがっています。

たしかに最近の若い人は、昔と比べれば酒量が減っているかもしれませんが、お酒や食事の場を通じて人と心を通い合わせること自体を嫌がっているわけではありません。

ではなぜ「最近の若いヤツは、上司と一緒に飲みたがらない」と感じる人が多いのでしょうか。原因は若者ではなく、上司の側にあると私は考えています。

部下を飲みに誘ってもいつも断られる理由は、最近の若いヤツが上司と飲むのがイヤだからあなたの誘いを断っているわけではなくて、あなたと飲むのが億劫《おっくう》だから断っているのです。

日常の仕事の場面では、上司が部下に対して指示を出したり指導をしたりといったように、上司が主導権をとって話す場面のほうが圧倒的に多いものです。部下は、上司の指示や会社の方針に対して思うところがあっても、なかなか口にすることはできません。

ですから酒や食事の場面では、逆に上司は聞き役にまわり、部下に話をさせるべきなのです。

すると、部下の話から「そんな出来事があったの？」「そんなことで悩んでいたの？」と驚くような新発見の情報をたくさん得ることができます。一方部下は、心の中にある不安や悩みを吐き出すことができて、気持ちがすっと楽になります。

つまり上司にとって部下と酒を酌《く》み交わすことの意味は、部下から話を聞き出すことによって、職場の状況や部下の様子を把握することにあります。また部下が前向きに仕事に取り組めるように、相談に乗ってあげたり励ますための場でもあります。自分の話などしている場合ではないのです。

ところが多くの上司は、聞き役にまわることができません。部下の話を十分に聞かないうちから「そういうとき俺の場合は……」といったように、すぐに自分の話をしてしまい、ときには説教まで始めてしまう。部下は「つまらない話だな」と思ったとしても、相手が上司であればぞんざいな態度をとるわけにはいきません。

だから部下は「何で仕事が終わってからも、上司から説教を聞かされなくてはいけないんだろう」と、上司と飲むことを嫌がってしまうわけです。

ありがたいことに、私はかつての部下などから、今でも頻繁に飲みに誘ってもらえます。さらに、自分の娘とも頻繁に飲みに行くと言うと、驚かれる方も多いです。

何か秘訣があるかといえば、ただ「聞いている」だけなのです。

もっとも、「相手の話にきちんと耳を傾ける」というのは、意外と難しいのも事実です。

私は以前、会社の課長研修で、「私は」「僕は」という言葉をいっさい使わないで、二人で対話をするというゲームに参加したことがあります。

こちらが三〇秒間話したら、相手に三〇秒間話してもらう。話すテーマは何でもいいのですが、ひとつだけ決められていたのは「私は」「僕は」という一人称の言葉がひと言でも出てきたら、その時点で負けというものでした。

するとみんな三分もしないうちに、「私は」「僕は」という言葉が出てしまいます。

私たちは普段会話をしているときに、いかに相手の話を聞こうとせずに、すぐに自分の話をしたがるか。そのことを実感させられるようなゲームでした。

相手の話をきちんと聞けることは、それだけでひとつの能力であるといえます。聞き上手というと、巧みな質問によって相手から言葉を引き出す人をイメージするかもしれませんが、「うん、うん」とうなずきながら相手の話を聞くだけでも、十分聞き上手なのです。

若い人はほんとうは自分の話をしたがっていますし、聞いてほしいと思っています。でも周りに自分の話を聞いてくれる人はほとんどいない。みんな自分の話をしたがる人ばかり……。

そういう中に「うん、うん」と聞いてくれる上司がいたら、部下としては「○○課長のお酒だったら、いつでもおつきあいしますよ」という気持ちになります。それどころか部下のほうから「今度はいつ飲みに行きますか」と誘ってきてくれるのです。

これは私と兄弟の話ですが、先日、私の二人の弟が奥さんを連れて東京にやってきたので、みんなで食事をすることになりました。

食事の間、私はずっと弟たちの話の聞き役。彼らはほんとうによく喋ります。

そして食事が終わった次の日に、弟から「昨日はいろいろな話ができて、すごく楽しかった」というメールが届きました。

私はほとんど喋っていません。彼らはたくさん喋って楽しかったようです。人は自分の話を聞いてくれるだけで、嬉しくなり、楽しくなるものなのです。

今度部下と飲むときには、ぜひ聞き役に徹してみてください。

部下のあなたに対する印象が大きく変わり、飲みに誘ったときに嫌がられることもなくなるはずです。

15

部下に対しても
フォロワーシップを発揮しよう。

「リーダーシップ」と対になる言葉に「フォロワーシップ」があります。

フォロワーとは、リーダーを補佐する人のこと。フォロワーシップとは、チームとして掲げた目標を、リーダーを支えながら達成していく力のことです。

ただしフォロワーシップは、上司と仕事をするときにだけ必要なものではありません。部下と接するときにも、リーダーシップとともにフォロワーシップを発揮することが求められます。

部下はチームのメンバーであると同時に、ひとりの人間としてもそれぞれの人生を生きています。彼らはチームの目標を実現するために献身的に働きつつ、一方で自分の自己実現もはかっていきたいと考えています。また仕事やプライベートで悩みを抱えながら生きています。

そこでリーダーは、彼らが高い意欲を持って気持ちよく働けるように環境を整備したり、自己実現に一歩でも近づけるように、適切なフォローをしてあげることが大切になるのです。

そのためには、彼らが仕事のどの部分に不満や不安、あるいは満足感を抱いており、どんな価値観を持っており、何を実現したいと考えているかをよく知っておく必要があります。「最近の若者は何を考えているのかわからない」という言葉に逃げるのではなく、自ら知る努力をすればいいのです。

そのために私が重視していたのが、定期的な面談でした。東レの場合は、部下との面談は年に一回でいいとされていましたが、私の場合は年二回設定。一回当たり二時間、部下によっては三時間かけておこないました。

面談の内容は、仕事のことにとどまらずプライベートにまで及びました。仕事とプライベートは、切っても切り離せない関係にあります。プライベートで問題を抱えていたら、それは仕事にも影響します。逆もまた然《しか》りです。

かつて私の会社の先輩のひとりに、「家庭のことを会社に持ち込むな」と言った人がいましたが、私はこれは無理だと思います。

もし親が重度の認知症で、徘徊《はいかい》をして行方不明になったら、そのときは会社よりも家庭を優先してすぐに帰宅するべきでしょう。子どもが四〇度の熱を出したら、すぐさま病院に連れて行かねばなりません。

「家庭のことを会社に持ち込んではいけない」などと言えるのは、家庭のことをすべて奥さんに押し付けているからです。しかし今は共働きの家庭も増えていますし、そうでなくても、家庭のことをすべて奥さんに任せて仕事に没頭しているようなバランスを欠いた人が、よきビジネスマンになれるとは思えません。

ですから部下からは、仕事の話もプライベートの話も聞き出します。プライベートで問題を抱えているときには、もし可能であれば解決に向けてのサポートやアドバイスをするし、仕事とプライベートの両立に悩んでいるのなら、うまくいく方法を一緒に考えます。

もちろん部下の中には、プライベートについては話したがらない人もいます。そういう人からは無理に聞き出す必要はありません。ただ私の場合は、自分自身が妻の病気や長男の自閉症のことを打ち明けていましたし、個人情報を漏らさないことについても絶対厳守にしていましたので、誰もが比較的心を開いて話してくれました。

もちろん、面談のときだけでなく、普段から部下とコミュニケーションをとることも重要です。いつもは部下と距離を置いて接しているのに、面談の場面だけ急に親身になって聞く姿勢を示したとしても、部下は逆に警戒してしまいます。

ですから日頃のコミュニケーションが大事になるわけですが、とはいえ普段は一人ひとりの部下とじっくり話すのは難しい。だから面談が、部下を知るための大事なイベントになるわけです。そのうち部下のほうも面談の日を楽しみにするようになり、「今度の面談では何を話そうかな」と準備をしてくれるようになります。

前にも話したように、ほんとうは部下は自分のことを誰かに話したいし、聞いてほしいと思っているのです。

ひとりの部下と二、三時間かけてじっくりと話すと、かなり深い部分までその人を知ることができます。「なるほど、この人はこういう生き方、働き方がしたいと思っているのか」「今こんなことで悩んでいるのだな」といったことが、腑《ふ》に落ちるようにわかります。

そして知れば知るほど、その人に対する愛情が深まり、強い関心を持つようになり、応援したいという気持ちが強くなります。

すると普段の接し方も変わってきます。

たとえば新しい仕事を部下に与えたときに、ちょっとした表情から「彼（彼女）はきっとこの仕事の担当になったことに不満を感じているな」とか「重荷に思っているな」といったことに気づくようになります。面接を通じてじっくり話し合っていますから、なぜその仕事を不満や重荷に感じるかについても、だいたい察知できます。

そんなときには、この仕事がチームの中でどんな意味を持っているか、自己成長にどのように結びつくかを、部下が納得できるように説明します。そうやって部下のモチベーションを高めていくのです。

上司がフォロワーシップを発揮しているチームでは、部下は高い意欲を持って仕事に取り組むことができます。そしてその結果、高いアウトプットを出すことができるようになります。

16 会社を辞める部下や後輩のほとんどは、ほんとうは辞めなくてもいい理由で辞めている。

若手社員や中堅社員から「会社を辞めたい」という相談を受けたことは、管理職にもなれば誰でも経験があると思います。

退職の相談を持ち出されたら、まずはその理由を聞いてみないことには何も始まりません。退職理由が「実家の家業を継ぐため」といったような納得性の高いもので、計画性があり、意志も固ければ、やはりそれは認めてあげる必要があるでしょう。

しかし私の経験でいえば多くの場合、ほとんどの若手社員はほんとうは辞めなくてもいい理由で辞めていいます。

若手や中堅が会社を辞める理由としていちばん多いのが「職場への不満」です。しかし

「会社」に不満を抱いているならまだしも、特定の「職場」に不満を持っているということで辞める必要などまったくないし、また辞めさせてはいけません。

以前、私の隣の部署の女性社員が、勤務時間中に目の前にいる上司に向かって、「もうここでは働くことができません。辞めさせてください」と辞表を叩きつけたことがありました。そのままオフィスを立ち去ろうとする彼女の後ろ姿を、上司があわてふためいた様子で追いかける、そんなドラマみたいなシーンが展開されました。

一緒に仕事をしていた仲のいい女性社員が、考え直すよう説得にあたったのですが、気持ちを覆すことはできませんでした。

そこで今度は私が彼女と話すことにしました。

彼女が会社を辞めようと思った理由は、上司への不満でした。彼女は社内留学制度を活用して、海外への留学を希望していたのですが、上司が手続きをしぶっているうちに申請期間が過ぎてしまったのです。彼女は非常に優秀な社員だったので、「ここで彼女に海外に出られてしまったら困る」という気持ちが上司にはあったのかもしれません。

私は「今、会社を辞めてしまったら、結局自分が損をすることになるんじゃないの？」と彼女に言いました。

たしかに彼女は、今年は上司のせいで留学の夢をかなえることはできませんでした。けれども今年はダメでも、また来年チャンスがあります。しかし会社を辞めれば、留学の夢自体を断念しなくてはいけないことになります。

「そんな短兵急に行動したって、上司への腹いせにもならないよ。もっと自分を大切にしなさい」

と、私は言いました。

彼女は最初のうちは頑《かたく》なに「辞めます」の一点張りでしたが、やがて冷静になったのか、最後には「佐々木さんの言うとおりですね。やはり辞めないことにします」と言ってくれました。

ちなみにこの事件があった翌年、彼女は念願どおり海外留学を実現することができました。

彼女のように、職場の上司や人間関係に不満を抱いて会社を辞めようとする人は、モノの見方が狭くなり、広い視野でものごとを考えることができなくなっています。

ものごとは常に変化しています。同じ状況がずっと続くことなどありえません。特に職場の場合はそうです。上司と部下の関係が最悪だったとしても、人間関係が固定している小さな会社は別として、二年もすればどちらかが異動になります。それなのに今の状況が苦痛だからといって会社を辞めてしまうのは、早まった行為だといえます。

また今いる職場が会社のすべてではありません。社内にはほかにもたくさんの部署があります。ほんとうにイヤなら異動届を出せばいいだけの話です。職場を変えればいいだけで、会社を辞める必要はないのです。

ですからもしあなたが、部下や後輩から職場への不満や人間関係を理由に「会社を辞めたい」という相談を受けたら、自信を持って「辞めるべきではない」と助言してください。

17

褒めることも叱ることも、自分の地でやればいい。

私は部下に対しては、褒めるのが八割、叱るのが二割ぐらいの割合で接してきました。なぜそうしてきたかというと、それが私の性格だからです。私は人を見るときには、その人の欠点よりも長所のほうに目が行きやすいこともあって、自然と叱ることよりも褒める割合のほうが多くなってしまうのです。

もし私が「やはり上司は、もっと部下に対して厳しい姿勢で臨まなくてはいけない」など考えて、無理に叱る割合を増やしたとしても、きっと不自然なことになってしまったでしょう。部下の心にも響かなかったはずです。

では私とは正反対に、部下をなかなか褒めることができず、すぐに叱ってしまう人の場合はどうでしょうか。こういう人が、「部下は褒めたほうがよく伸びる」といった類《たぐい》の本を読んで急に実践しようとしたって、やはりとってつけたように不自然になるはずです。

褒めることも叱ることも、地でやればいいのです。


プロ野球の世界で名将といわれた監督のひとりに、野村克也さんがいます。野村さんは「野村再生工場」という言葉があったように、ほかのチームで戦力外通告を受けた選手を復活させたり、入団時にはさほど注目されていなかった選手を育てるのが得意でした。

しかし彼は選手を褒めて育てていたかというと、まったくそんなことはありません。むしろ「ぼやきのノムさん」と言われるぐらいに、いつも選手のことをぼやいてばかりいました。

ただし彼のぼやきは、常に本質をついたものでした。だから選手たちは「監督から見られている」という緊張感を持ちながら練習や試合に臨むこととなり、それが成長や活躍に結びついたということだと思います。

また東レで社長や会長を務め、経営を立て直したことによって「東レの中興の祖」といわれた人物に、前田勝之助さんという方がいます。

私が繊維企画管理部の統括課長になった頃、繊維事業部門は赤字だったのですが、その再建プロジェクトのリーダーとして黒字化したのが、当時常務だった前田さんでした。

前田さんは、部下を褒めるということが滅多にない人でした。いつも叱ってばかりいました。でも私たちは前田さんから叱られると、「自分もあの人から叱ってもらえた」ととても喜んだものです。なぜなら前田さんは、自分がモノになると思った人しか叱らなかったからです。叱られるのは期待されている証拠だったのです。

そんな前田さんでも、ときには部下を褒めることもあります。だいたい叱るのが九割で、褒めるのは一割ぐらいの割合でしょうか。叱られるときでも嬉しいのに、褒められようものなら、部下は跳び上がらんばかりに嬉しくなります。

前田さんはそうやって部下の意欲を引き出していったわけです。

褒めるのが得意な人は褒めることを中心に、いつも叱ってばかりいる人は叱ることを中心に、そしてぼやいてばかりの人はぼやくことを中心に据えて、それぞれの地で部下と接していけばいいのです。

実は褒めることと叱ることは、まったく正反対のことであるように考えがちですが、求められる根本は同じです。それは部下の様子をしっかりと観察していないと、適切な褒め言葉も叱り言葉も出てこないということです。

いくら褒めたところで、それが部下の表面的な部分を見ただけのものであれば、「この上司は上っ面で自分のことを褒めているな」と、すぐに部下は気がつくものです。そういう褒め言葉は部下の心には届きません。

また相手のためを思ってではなく、自分の気分や感情にまかせて叱ってしまったら、部下の心は離れてしまいます。「この上司は自分のイライラを私にぶつけているだけなんだな」と見透かされてしまいます。

ただし、いくら地でやればいいとはいっても、終始褒めてばかりや、終始叱ってばかりになってはいけないと考えています。「九割褒めて、一割叱る」でも「九割叱って一割褒める」でもいいから、褒めるのが多い人はときには叱ることを、叱るのが多い人はときには褒めることを取り入れたらいいと思います。

褒めることや叱ることには、現時点でのその人の到達点を相手に伝えるという意味があります。「君はこれができるようになったんだよ」ということを相手に伝えるのが褒めることであり、「君はまだこれができていない」ということを相手に伝えるのが叱るという行為です。

ところが人は褒められてばかりいると、自己の能力を過信するようになります。逆に叱られてばかりいると、ほんとうは力がある人でも自信を喪失してしまいます。いずれにしても自分の現時点での能力を的確につかむことができなくなってしまうのです。

部下を自信過剰状態や自信喪失状態にすることは、部下の成長にとってマイナスでしかありません。当然のことですが、叱るべきときは叱り、褒めるべきときは褒める、ということが基本になるのです。

最後にひとつ、特に叱るときに注意すべきことは、部下にはいろいろな性格の人がいるということです。ちょっと叱るだけで必要以上に落ち込んでしまう人もいれば、少々強めに叱ってもびくともしない人もいます。相手の性格に合わせて叱り方を変えてあげるというのは、やはり大切です。

これさえ押さえておけば、あとは自分の地で褒めたり、叱ったりすればいいのです。逆にそうでなければ、いつか無理が出てきたり、部下に見透かされてしまうだけです。

18

部下が自分の悪口を言っているのを知ったとき、いちばん気にするべきなのは「奥底にある気持ち」。

この本を読んでいる方の中で、上司の悪口を一度も口にしたことがない人はおそらくひとりもいないと思います。

私も若いときにはよく仲間たちと、「サラリーマンの楽しみは、酒を飲みながら上司の悪口を言うことだ」などと言い合いながら、飲み屋でくだを巻いていたものです。

「上司の悪口を言う」と言っても、悪口の対象はほんとうに嫌いな上司とは限りません。心の中では敬愛している上司だとしても、毎日顔を合わせて仕事をしていればストレスが溜まることもあります。そこで愛情が半分、愚痴も半分というぐらいの気持ちで悪口を言っていたのです。

ただし言った当人は愛情半分のつもりだったとしても、その悪口がまわりまわって上司の耳に届いたとしたら、やはり上司としては心穏やかなはずがありません。

「あいつは普段は従順なそぶりをしているくせに、本心では何を考えているかわからないヤツだ」

と思われるリスクがあります。

だからいちばんいいのは悪口を言わないことなのですが、これが難しい。「物言わぬは腹ふくるるわざなり」という言葉があるように、自分の中に溜め込んでいることを吐き出さずにいるのは、なかなか難しいことです。

そこで私は、上司に対して何か言いたくなったときには、陰でこそこそ言うのではなく、本人に向かって直接言うことを心がけていました。

たとえば上司が夕方になって、急に「明日の午前中までにこの仕事をやってくれ」と私に頼んできたとします。そんなとき私は、「突然そんなことを言われても、私にも予定がありますのでそれは難しいです」とやんわり断っていました。

もし私が嫌々上司の指示に従っていたとしたら、きっと私は酒の席で「あの課長はいつも思いつきで仕事を振ってくるから、やってられないよ」というように、上司への不満を思い切りぶつけていたことでしょう。

しかし婉曲にでも断ることによって、私はストレスを溜めずにすみます。すると酒の席でも、上司の悪口を言わずにすみます。

ちなみにこのケースでは、何度も繰り返しているうちに、上司のほうも思いつきで仕事を頼むのを改め、きちんとした見通しを立てたうえで余裕のあるスケジュールで私に仕事を依頼してくるようになりました。

陰で悪口を言っても相手の態度を改めさせることはできませんが、面と向かって言えば、相手を変えられる可能性もあるわけです。

では、どうにも我慢できずに、酒の席でつい上司の悪口を言ってしまったときにはどうするか。

私の場合は、酒の席で言う悪口を本人の前でもなるべく直接言うことにしていました。

ただしあまり辛らつにならないように、言い方には気をつけていましたが……。

こうして裏でも表でも同じことを言っていれば、上司は気分はよくないかもしれませんが、少なくとも「あいつは本心では何を思っているのかわからない」という不信感を持たれることはないはずです。


さて、ここまでは「上司の悪口を言ってしまう側」の立場に立って話をしてきましたが、四〇代にもなると、今度は自分が「部下から悪口を言われる側」にもなります。

どんなに優れた上司でも、部下から「愛情が半分、愚痴が半分」の悪口を言われることはあるものです。ですから自分に対する部下の悪口が耳に入ってきたとしても、基本的には聞き流せばいいと思います。自分が部下だったときに上司に対してやっていたことを、今度は部下が自分に対してやっているだけのことですから……。

ただし「基本的には」と言ったのは、聞き流してはいけないときもあるからです。

部下の自分への悪口が耳に入ったとき、私がいちばん気にしていたのは、その人の奥底にある気持ちでした。部下が愛情半分の悪口ではなく、本心から自分に対して不信感を抱いている様子だったら、なぜそうなったのかをよく考えてみる必要があります。

普段の自分の言動が、部下の不信感を招いているのかもしれません。また部下を叱ったり注意をしたときに、その真意がうまく相手に伝わらずに、すれ違いが生じていることもあります。

つまり、悪口を「言った」「言わない」という表層的な部分にこだわるのではなく、その根っこがどこにあるのかに注意を向けるのです。そして部下が自分に不信感を抱いていることが悪口の要因だったら、すれ違いや誤解を修復していくことが必要になります。また部下に不信感を抱かせることがないように、その後の言動を改めていくことも大事です。

ただしいちばん大切なのは、部下が自分に対して何か感じることがあったときには、「それはどういうことなのですか?」と、すぐに部下から自分のほうに話しかけやすい関係をつくっておくことです。

お互いに話せる関係をつくっておけば、不信感の芽をあらかじめ摘むことができます。

部下もわざわざ悪口という形で、上司への不信感を吐き出さなくてもすみます。

こういうことを押さえておけば、あとは部下が酒の席でいくら自分の悪口を言おうが、それほど気にする必要はありません。なにしろ仲間と一緒に上司の悪口を言いながら酒を飲むのは、最高のストレス解消法なのですから。

第4章 強いチームをつくる

19 リーダーにいちばん必要な能力は、決断力ではなく現実把握力。

「リーダーにいちばん必要な能力は決断力だ」と言う人がいます。もちろん私も決断力は大切な能力だとは思いますが、いちばんだとは考えていません。むしろいちばん重要なのは「現実把握力」だと思っています。どんなに決断力があっても、現実を間違って把握してしまったら、誤った決断を下してしまうことになるからです。

たとえば元アメリカ大統領のジョージ・W・ブッシュがそうでした。ブッシュは二〇〇三年、フランス、ドイツ、ロシア、中国などの反対を押し切り、イギリスなどとともにイラク戦争に踏み切ります。ブッシュはイラクを攻撃する理由として、イラクが大量破壊兵器の保有国であり、世界の平和を脅《おびや》かしていることをあげました。当初、この決断はアメリカ国民だけでなく世界の多くの国々から支持されました。

しかし戦争が終わった後に捜索をおこなってみると、大量破壊兵器はイラク国内のどこからも見つかりませんでした。結局わかったのは、ＣＩＡの間違った情報にブッシュが踊らされてしまったということでした。

その後アメリカは、占領政策のまずさによってイラクの治安を悪化させ、さらには現地での反米武装勢力の攻撃に悩まされ続けることになります。

つまりいくら果敢に決断したところで、間違った現実把握に基づいていれば、間違った決断をし、間違った結果を招いてしまうわけです。

決断力を発揮する前にまず大切なのは、現実を正しく把握することです。

私は現実把握力を、実際に現場で仕事にかかわる中で鍛えていきました。

私はこれまで東レで、赤字事業を黒字に転換する仕事を数多く担当してきました。慣れないうちは「これは大変な重責を任されることになったぞ」と気が重くなったものですが、やがて「赤字を黒字にすることぐらい簡単なことはない」と思えるようになりました。

ある事業が赤字になるのには、必ず原因があります。その原因を正しくつかめさえすれば、解決策も出てきます。つまり現実を正しく把握できれば、正しい決断も自《おの》ずからできるようになるのです。

ただし現実を正しく把握できる力は、一朝一夕《いっちょういっせき》に身につくものではありません。

ある事業が不振に陥るときには、商品開発能力や生産体制、マーケティング力、営業力、市場や顧客の変化など、さまざまな要因が考えられます。またいくつかの要因が複合的に重なり合って、売上減や利益減をもたらすこともよくあるものです。

現実を正しく把握するためには、考えられるさまざまな要因を整理分析したうえで、事業不振に陥っているほんとうの原因を探り出さなくてはいけません。

しかし私もリーダーになったばかりの頃は、ほんとうは原因ではないものを原因と思い込んで、失敗するという経験を何度か重ねてきました。そうした中から次第にほんとうの原因と偽の原因を見分ける力がついていき、現実把握力が養われていったのです。

現実把握力は、事業の再建計画を立てるといった大きな仕事から、部下指導や商談などの日常的な仕事まで、さまざまな場面で必要になる能力です。

たとえばある業務をメンバーのうちの誰に担当させるかを考えるときにも、個々のメンバーの能力や経験、得意・不得意といった「現実」を把握できていないと、適切な仕事の割り振りができなくなります。

商談も同じです。顧客の課題やニーズを正しく把握しているからこそ、顧客にとって魅力的な提案が可能になります。

仕事では、毎日さまざまなレベルの問題が降りかかってきます。現実把握力は、そういった一つひとつの問題に真摯に向き合う中で次第に身についていくのです。

リーダーになったら、現実把握力を磨くことを意識してください。

20

チームづくりとは、メンバーの強みを引き出し弱みを隠すこと。

組織は二対六対二の法則でできているとよくいわれます。これはどんな組織でもメンバーが集まると、優秀な上位二割と、真ん中の六割と、出来の悪い下位二割に分かれるというものです。

私自身の経験では、上位・中位・下位の社員の割合がぴったり二対六対二におさまるということはあまりなかったのですが、それでも三対五対二とか、二対七対一といったように、似たような割合になったのは事実です。

だからこそ、「どうしても使えない部下がいる」などという悩みを持つ上司が出てくるのでしょう。

上司として、二対六対二の割合でいる部下たちをまとめながら実績を残さなくてはいけないときにやりがちなのが、優秀な二割の部下ばかりをフルに使ってしまうことです。優秀な部下には、一を聞いて十を知る力がありますから、こちらがあまりこまかく指示を出さなくてもすぐに行動してくれます。しかも結果もきっちり残します。

一方、真ん中の六割や下位の二割は、仕事が遅かったり、飲み込みが悪かったり、モチベーションが低かったりするので、手間暇をかけて指導しなくては動いてくれません。だから上司はどうしても上位二割の部下ばかりを使って仕事を進めてしまいがちになります。すると上位二割の部下は、重要な仕事を与えられることによって経験を積み、さらに優秀になっていきます。

しかしこのやり方の問題点は、上司の意識が上位二割の部下ばかりに向いているために、真ん中の六割や下位の二割の部下たちに、成長の機会が与えられないことです。

仮にあなたが新たに異動した部署に、実力が九〇点の部下が二人、六〇点の部下が六人、三〇点の部下が二人いたとします。合計点は六〇〇点になります。

このうち九〇点の部下二人に仕事を集中して任せたことによって、彼らの実力が従来の九〇点から二割アップの一〇八点になったとしましょう。ただし中位や下位の部下の実力は変わりませんから、合計点は六三六点になります。

一方、すべての部下に目を配り、それぞれのレベルよりも一割難度の高い仕事を与えることによって全体の底上げをはかったとします。すると合計点は六六〇点となります。

つまり一部の優秀な部下の能力を二割アップさせるよりも、すべての部下の能力を一割アップさせるほうが、より強いチームができあがるのです。

また全体の底上げをしておけば、仮に異動によって優秀な部下を失った場合でも、その穴埋めをチーム全体でおこなうことが可能になります。個人の属人性やパフォーマンスに頼らないですむ安定感のあるチームになります。

私は真ん中の六割や下位二割の社員についても、彼らの成長意欲のエンジンに火をつけることは十分に可能だと考えています。

人は仕事を通じて自分が成長を実感しているときに急速に伸びます。「自分は今、たしかに成長している」と感じると、仕事が楽しくなって夢中で取り組むようになるため、正のスパイラルに入ります。

そのときに大切なのは、上司が部下一人ひとりと話し合いながら、それぞれの能力に合った目標を設定することです。

部下の能力を大きく超える目標を設定してしまうと、部下は仕事に対する自信をなくし、意欲も失います。これでは成長には結びつきません。

だからちょっとがんばればクリアできる目標を設定します。そして目標をクリアしたことによって、部下が自信をつけ成長を遂げたなら、次の目標設定ではもう一段高い目標を掲げる。こうして部下の成長をはかっていくのです。

これをおこなうためには、その前提として上司が部下の能力を正しく把握していることが不可欠になります。前項で話した現実把握力が問われるわけです。

部下の能力を正しく把握するということは、部下の強み、弱みをつかんでおくということでもあります。

私はここまで便宜的に部下を上位二割、中位六割、下位二割に分けてきましたが、下位の二割だからといって、何をやらせても出来が悪いということはないはずです。

たとえば人と話すのが苦手で、重要な商談の場面にはとてもじゃないが危なっかしくて出せない部下でも、分析作業では優れた能力を発揮するといったことがあるのではないでしょうか。

逆に上位の二割だからといって、何でもできるというケースは少ないでしょう。得手・不得手があるものです。

だからこそ、チームづくりにおいては、一人ひとりの部下の強い部分を引き出し、弱みを隠す必要があるのです。

野球にたとえれば、チャンスでいつもヒットを打ってくれる4番バッターでも、守備力はそこそこ、というケースがあるものです。そこで終盤の大事な場面では、4番に代えて守備がうまい控え選手を起用することで、勝利を確実にモノにする。あるいは足の速い選手を代走として使うことで、チャンスを広げるような采配をするわけです。

これが一人ひとりのメンバーの強みを引き出し、弱みを隠すチームづくりです。

ところがこの考え方を、会社組織で用いる人は意外と少ないのです。みな同じように、同じような仕事をこなすべきだと考えている。だから、バッティングはダメな選手でも、守備や走塁で力を発揮してくれるかもしれないのに、そのチャンスを与えない。それどころか、彼の守備力や走力がどれぐらいのレベルにあるのかを正確に把握することすらできていない場合もあります。

リーダーの仕事は、その組織を構成するメンバーのパフォーマンスの和を最大限に持っていくことです。メンバーの強みの部分だけを集めて、弱みについてはほかのメンバーにフォローさせることによって隠していく。これができるリーダーは、部下を育てながら、常に結果を残し続けることができます。

21 異端児をうまく活かせば、強力なチームができあがる。

エジソンやアインシュタインが少年時代には落ちこぼれと見なされていたというエピソードは、みなさんも聞いたことがあると思います。

たとえばエジソンは、算数の時間に「1＋1＝2」という答えに納得がいかず、「一個の粘土と一個の粘土を合わせたら大きな一個の粘土になるのに、なぜ答えは二なの？」と質問して、教師を困らせたといいます。そのため彼は学校教育に馴染《なじ》むことができず、小学校を中退。母親に勉強を教えてもらいながら独学で知識を吸収することになりました。

またアインシュタインには読字障害（知的能力に異常はないが、文字の読み書きに著《いちじる》しい困難を抱える障害）があったといわれ、教師からはいつも低い評価を受けていました。

大学に進学してからは興味のある分野しか学ぼうとしなかったため、科目ごとの成績の差が激しかったといいます。

つまり彼らは、典型的な異端児だったわけです。既成の枠組みで異端児を評価しようとしても、枠からはみ出してしまいます。だから彼らは学校では落ちこぼれ扱いされていました。

しかし異端児だったからこそ、既成概念にとらわれない自由な発想で偉大な発明や発見を成し遂げることができました。

みなさんの職場にも、エジソンやアインシュタインほどではないにしても、ちょっと変わり者の異端児がいると思います。その人がチームの和を乱すことに、悩む人も多いはずです。

異端児は、ほかのメンバーとは異なる視点でものごとを見ます。周りの人間が「常識」や「当たり前」と思っていることに異を唱えます。そのため異端児はエジソンやアインシュタインと同じように、職場でも「落ちこぼれ」とか「困った人」と見なされがちです。

たしかに組織の中に異端児などおらず、トップが号令をかけたらメンバーが一斉に同じ方向に向けて走り出すチームは、スピード感があります。

しかしそうした集団は同質性が高いために、間違えるときは全員が一斉に間違えてしまうのです。またものごとが行き詰まったときに、斬新な発想でブレイクスルーを起こすのも苦手です。

ここで、異端児の存在が重要になるのです。

メンバーが常識や当たり前だと思っていることに対して、異端児が「それは違うんじゃないか」「こうしたほうがいいんじゃないか」と異議を唱えたときは、コンフリクト（衝突）が起こり、その前提の検証の作業が必要になります。こうしたことで決めた方向が正しいかどうかの確認のチャンスがあるのです。

常識派のメンバーと異端児が激論を交わす中で、チームとしての思考力が鍛えられていきます。その結果、メンバーは多様な視点からものごとを見ることができるようになります。また異なる意見や発想を持つ者同士が刺激を受け合うことによって、チームの中にイノベーションが起こりやすくなります。

異端児を活用してチームの中にコンフリクトを起こすと、その間は仕事のスピードは遅くなります。ただし、結果的にはより強い組織ができあがるのです。


チームが異端児を活かせるかどうかは、リーダーがカギを握っています。

日本企業のホワイトカラーはこれまで、非常に同質性の高い集団の中で働いてきました。同僚といえば日本人の男性のフルタイムの社員ばかりで、外国人や女性は少数派。また障害者の雇用比率も低く抑えられています。

もちろん日本人の男性社員の中にもいろいろなタイプがいるはずなのですが、その個性を活かしていくのも苦手としていました。同調圧力の強い日本では、上司は部下に対して「これがうちのやり方なのだから、従いなさい」と同一の行動を求め、部下も「これがうちのやり方なのだから、従わなければ」と、自ら同一化しようとする傾向が強くあります。

つまり、ただでさえ同質性の高い集団であるのに、同調圧力によってさらに同質性の高い集団になっているのです。

しかしそれでもチームの中に異端児はいるものです。かく言う私もそうでした。私は若い頃、「東レの中で、ちょっと変わっている自分という存在を認めてほしい」という思いが強くありました。私に限らず、そうした思いを抱いている社員は少なからずいるはずです。

ところが多くのリーダーは、「ちょっと変わっている彼ら」を落ちこぼれや困った人と見なし、周りと同じように行動することを求めます。こうして異端児としての彼らの可能性の芽を潰してしまうわけです。

一方、リーダーが「ちょっと変わっている彼ら」を認めてあげ、ほかのメンバーにも認めさせれば、彼らのモチベーションは大きく上がります。枠にとらわれない自由な発想や行動で、同質性の高い組織に風穴をあける存在になってくれるはずです。

チームの中にいる異端児を活かすも殺すも、リーダー次第なのです。

ただし誤解がないように、ひと言、言い添えておかなければいけないことがあります。

チームの中に、とても豊かな発想力を持っていて、ほかのメンバーが思い浮かばないようなアイデアを出す部下がいたとします。しかしその部下は時間にルーズで、敬語もできず、ほかのメンバーに迷惑をかける場面が多いとします。

こんなときリーダーは「彼はチームの中では異端児なのだから、そのよさを活かすためにマイナス面には目を瞑《つぶ》ろう」と考えるべきかというと、そんなことはありません。

メンバーが協力し合いながら、気持ちよく仕事をしていくための最低限のルールについては、異端児であろうとなかろうと守らせる必要があります。

多様な視点や発想を持っている人がその能力を存分に発揮できるように「自由」を与えながら、一方で組織を成り立たせるための「規律」も必要です。自由と規律の両立という難しいバランスの中で、異端児を活かす組織づくりがリーダーには求められます。

22 抽象と具体を行き来することで、自分の考えを部下に浸透させる。

「自分の意思がなかなか部下に浸透しない」と悩む人は多いようです。ただ、まず考えるべきは、そもそも自分自身の仕事に対する考え方が明確になっているか、ということです。自分自身でも明確になっていないものが、部下に伝わるわけがありません。

そこでお勧めしたいのが、自分の仕事に対する考え方を文書化することです。これにより、自分の考えを明確にすることができ、さらに、部下に自分の考えを知ってもらうことにも役立つのです。

部下は新しく赴任してくる上司がどんな考えの持ち主なのかについて、強い関心を抱いています。そこで赴任と同時に自分の考えを文書で示せば、「なるほど、今度の上司はこういうことを大切にして仕事に取り組んでいるし、部下にも取り組んでほしいんだな」とわかってもらえます。文書にすることで部下にきちんと自分のメッセージが伝わります。

また、口頭とは違って文書であれば繰り返し読むことが可能になるため、自分の考えが正しく部下に伝わります。

課長時代の私も新しい部署に異動になるたびに、自分の仕事に対する考えをまとめた「仕事の進め方一〇か条」を部下に示していました。この一〇か条については『完全版ビッグツリー』や『そうか、君は課長になったのか。』などの自著でも触れましたので、ご存じの方も多いと思いますが、改めて紹介すると以下のようなものです。

①計画主義と重点主義

まず、仕事の目標設定→計画策定をし、かつ重要度を評価すること。自分の在籍期間、今年・今月・今週・今日は何をどうやるか計画すること。すぐ走り出してはいけない。優先順位をつける。

②効率主義

目的を十分に踏まえ、どのやり方が有効かできるだけ最短コースを選ぶこと。通常の仕事は拙速を尊ぶ。

③フォローアップの徹底

自ら設定した計画のフォローアップをすることによって自らの業務遂行の冷静な評価をおこなうとともに、次のレベルアップにつなげる。

④結果主義

仕事はそのプロセスでの努力も理解するが、その結果で評価される。

⑤シンプル主義

事務処理、管理、制度、資料はシンプルをもって秀とする。優れた仕事、優れた会社ほどシンプルである。複雑さは仕事を私物化させやすく、後任者あるいは他者への伝達を困難にさせる。

⑥整理整頓主義

情報収集、仕事のやりやすさ、迅速性のため整理整頓が要求される。資料を探すロスのほかに、見つからずに結局イチから仕事をスタートするという愚を犯さない。

⑦常に上位者の視点と視野

自分が課長ならどうするか部長ならどうするかという発想での仕事の進め方は、仕事の幅と内容を豊かにし、自分及び組織の成長につながる。

⑧自己主張の明確化

自分の考え方、主張は明確に持つとともに、他人の意見をよく聴くこと。自分の主張を変える勇気、謙虚さを持つこと。

⑨自己研鑽

専門知識の習得、他部署、社外へも足を運ぶこと。管理スタッフならば、管理会計程度は自分で勉強し、身につけておくこと。別の会社に移っても通用する技術を習得すること。

⑩自己中心主義

自分を大切にすること→人を大切にすること。楽しく仕事をすること。健康に気をつけること。年休をとること。

この「一〇か条」は課長になってから考えたのではありません。それ以前から、直属の上司の仕事ぶりを見ながら、「自分だったらこうする」という考えをノートに書いては直すという作業を続けながら、考えを練り上げていったのです。

ですから実際に課長になったときには、自分なりの仕事のやり方がほぼ完全に定まっていました。今はまだ部下がいないという人も、ぜひ今から始めてみてください。

ただし文書さえ渡しておけば、自分の考えが部下に浸透するかというと、そんなに甘くはありません。

私が作成した「仕事の進め方一〇か条」は、自分の仕事に対する考え方のエッセンスを抽出したものです。そのぶん抽象度が高くなっています。

たとえば「一〇か条」①の「計画主義と重点主義」は、「まず、仕事の目標設定→計画策定をし、かつ重要度を評価すること。自分の在籍期間、今年・今月・今週・今日は何をどうやるか計画すること。すぐ走り出してはいけない。優先順位をつける」となっていますが、多くの部下はこれを読むだけでは、その考え方を理解することはできても、具体的なイメージまではなかなかつかめません。

そこで大切になるのが、実際の場面に落とし込んで説明することです。

たとえば部下が担当したあるプロジェクトが、大幅に締め切りを超過したとします。そういったときにプロジェクトを振り返りながら、「本来は〇〇の部分に重点を置いて仕事を進めるべきだったのに、優先順位のつけ方を間違ってしまったために、重要度が低い××の仕事に時間を割くことになってしまったよね。それが今回締め切りに間に合わなかったいちばんの理由だと思うよ」というように具体的に話していけば、「なるほど、計画主義と重点主義とはそういうことなのか」と部下は得心します。

大事なのは、仕事に対する考え方と具体例の両方を示すこと。つまり抽象と具体の行き来によって、部下は上司の考え方を次第に体得するようになります。しかもこの作業を一度だけで終わらせず、反復連打で事あるごとに繰り返しおこなうことでやっと、自分の考えが部下に浸透するのです。

23

言葉はリーダーの最大の武器。言葉磨きを怠らない。

私たちは言葉を用いて、日々思考しています。コミュニケーションも言葉を媒介として成立します。言葉なくしては、思考もコミュニケーションも成り立ちません。

ですから誰よりも深くものごとを考え、多くの部下を引っ張っていくことが求められているリーダーには、言葉を使いこなす力が求められます。

どんな言葉を用いれば、相手に正確に伝わるか、相手の心を揺さぶるかということを考えながら、言葉を選び、磨き、発していかなくてはいけないのです。黙ってついてこいというリーダーシップは、もはや通用しません。

私もこれまでリーダーとして言葉を大事にしてきました。特に意識していたのは、人を動かすときに必要となるキーワードづくりです。

本書でも、「二〇代まではがむしゃらに。でも四〇代からはしなやかに生きる」「チームづくりとは、メンバーの強みを引き出し弱みを隠すこと」といったいくつかのキーワードを示してきましたが、これは本書を書くにあたって思いついた言葉ではなく、普段から私がよく口にしている言葉です。

同じ内容のことを言っても、言い方がまわりくどかったり難しすぎると、相手の心に響く言葉になりません。

そこで私は「本質を突いていて、なおかつ相手の心に入りやすい表現にするためにはどうすればいいのだろう」ということをいつも考えながらキーワードづくりをしてきました。

キーワードは自分のオリジナルでなくてもかまいません。

たとえば私が、若い人によく言う言葉のひとつに「礼儀正しさに勝《まさ》る攻撃力はない」というものがあります。これはキングスレイ・ウォードの『ビジネスマンの父より息子への

30通の手紙』（新潮文庫）の中に載っていた言葉です。

「人に会ったらきちんとあいさつをする」「人に世話になったらすぐにお礼を言う」といったことを心がけていたら、それだけで多くの人に好感を持たれて何事もやりやすくなります。人に好かれるうえで、礼儀正しさに勝る武器はないわけです。

「礼儀正しさに勝る攻撃力はない」という言葉を初めて聞いた人は、「おや、どういうことだろう?」と興味を惹かれます。そして意味を知って「なるほど」と納得し、心の中に深く印象づけられます。私が自分のキーワードのひとつに加えているのはそのためです。


自分で編み出したキーワードにしても、誰かが語ったキーワードにしても、「これはいいな」と思えるものが見つかったら、手帳にメモをしておきます。そして電車に乗ったときなどのスキマ時間を使ってメモを読み返します。

そしてそのキーワードの意味を自分の中で反芻《はんすう》するとともに暗記します。そうやってキーワードをすっかり自分のものにしていくのです。

言葉はリーダーの最大の武器です。自分の生き方、働き方を後ろ姿で部下に示すのも大切ですが、そうはいっても言葉の力は大きい。

リーダーになったら、言葉磨きを怠らないでください。

24
いちばんのメンタルヘルス対策は、そもそも部下をメンタルダウンさせないこと。

職場のメンタルヘルス対策の重要性は、最近になってやっと、多くの人に認識されるようになりつつあります。

私もよく、「上司が部下のメンタルヘルス対策をおこなううえで、注意すべき点は?」と聞かれます。そのとき私はいつも、「いちばんの対策は、そもそも部下をメンタルダウンさせないこと」だと答えます。

実際、部下がうつになってから対策を考えるのでは遅い。部下をうつにしないための予防策を考えるべきなのです。

それができれば世話はない、と思うかもしれませんが、はたしてそうでしょうか。あなたができることは、まだまだあるはずです。

人は、職場の人間関係が良好で、自分がその職場でしかるべき役割を果たしているという自己有用感を抱くことができ、なおかつ将来に対する明るい展望が描けているときに、活き活きと働くことができます。逆に職場の中で孤立しており、自己有用感が低く、将来の展望も描けない状況に陥ると、確実にメンタルダウンしていきます。

ですから上司としては、部下が活き活きと働ける職場環境を整えることが大切になります。

といっても、特別なことをする必要はありません。

私が本書でここまで述べてきたように、部下の話をしっかりと聞いてあげること、プライベートなことについても安心してオープンに話せる関係を築くこと、上司がフォロワーシップを発揮しながら部下の自己実現をサポートすること、すべての部下に成長のチャンスを与えること、といったことを実践していれば、部下にとっては十分に働きやすい職場になります。

とはいえ部下のメンタルヘルスの不調は、職場以外の要因で起きることもあります。どんなに職場環境を整えたとしても、部下のメンタルダウンを完全に防ぐことはできません。

部下にうつの兆候が見られたときには、よくいわれるように早期発見、早期治療がカギを握ります。最近のうつ病治療は進んでいて、軽度であれば薬物療法のみで治すことも十分可能になっています。風邪と同じで、治療を始めるのが早ければ早いほど快復も早くなります。上司はその兆候をいち早く察し、適切な治療を受けさせる必要があります。

ただし、部下との信頼関係ができあがっていなければ、上司がうつ病を疑って事情を聞こうとしても、部下は決して本心を明かそうとはしないでしょう。うつ病に関してはいまだに偏見も多いですから、自分がうつ病であることを頑なに否定し、病院にも行こうとしないかもしれません。

私はこれまで会社の中で九人のうつ病の社員と出会い、そのうち六人を病院に連れて行くことができましたが、残りの三人については拒まれました。この三人は私の部署の人間ではなく、隣接する部署の社員でした。彼らを通院させられなかったのは、私と彼らとの間に信頼関係ができていなかったからだろうと思います。

日頃から部下との間に信頼関係を築いていていないと、部下がうつ病になったときにも思うような対処ができなくなるリスクがあります。

逆に信頼関係を築いていて、何でも話し合える間柄になっていれば、部下は上司に悩みや苦しみを吐き出せるわけですから、それがうつ病予防にもなります。うつ病は、悩みを誰にも打ち明けられずにひとりで抱え込んでいるうちに重くなるものだからです。

信頼関係の構築は、部下のうつ病予防にも、うつ病対策にもつながるわけです。

第5章 自分を高める

25
人は自分の成長のためと、何かに貢献するために働いている。

「人は何のために働くのか」

こういう疑問が頭の中に浮かんでいる人は、ある意味恵まれた環境にあるといえます。

今日一日を生きることとさえ必死な人にとって、何のために働くのかは自明のことです。明日の食事を確保するためです。「人は何のために働くのだろう?」などという疑問が浮かんでくる余裕はありません。

むしろ、安月給であっても毎月安定的な収入があって、とりあえず当面の食事の心配をする必要がなくなったときに、多くの人が「人は何のために働くのか?」という問いに直面します。

仕事をしていると、苦しいことがたくさんあります。自分の能力を超えていると思われる課題を突きつけられることもありますし、上司や部下、顧客との人間関係に悩んだり、ときにはひどい裏切りを受けて傷ついたりします。

そうまでして、なぜ人は働かなくてはいけないのでしょうか。

その問いに対して、私ならこう答えます。

「人は自分の成長のためと、何かに貢献するために働いている」

自己の成長に対して喜びを感じるのは、人間の本能のようなものです。

たとえばマラソンを趣味にしている人であれば、「今回の大会ではこれぐらいのタイムで走ろう」という目標をクリアできたとき、大きな充実感を覚えるはずです。ピアノを趣味にしている人であれば、これまで弾けなかった曲がうまく弾けるようになったときに深い喜びを感じるでしょう。

仕事も同じです。三〇歳のときにはできなかったことが、今はできるようになっている。当時はよくわからなかったことが、今は深いレベルで理解できている。そういうことを実感できたとき、「仕事って面白いものだな。途中で投げ出さずにこの仕事を突き詰めてやってきてよかったな」と本心から思えます。

人は趣味を通じても成長を実感できるし、仕事を通じても成長を実感できます。どちらの成長も自分にとって喜びとなります。

ただし仕事が趣味と違うのは、自分が成長を遂げることが、社会に貢献することにもつながることです。

わかりやすいのがお医者さんです。医師として人間的・技術的に成長すればするほど、多くの患者の命や健康を守ることができ、社会や人々に貢献することができます。

ホワイトカラーの場合は、お医者さんほどには、仕事を通じて社会に貢献している実感を得にくいかもしれません。

けれども自分が一生懸命仕事に取り組んでいる姿に部下が刺激を受けてくれれば、部下に貢献していることになります。納品した商品にお客さまが満足してくれれば、顧客に貢献していることになります。

そして仕事を通じて成長すればするほど、より広く、より深く、社会や人々に貢献できるようになります。

社会に貢献していることへの実感を抱けることも、私たちにとって大きな喜びです。

人は原始時代から群れをつくって生きてきた動物です。「誰かの役に立ちたい」「誰かに必要とされたい」という欲求が本能的にインプットされているからです。

自己を成長させたいという欲求と、社会に貢献したいという欲求の両者を満たせるのが仕事です。

私たちが働く意味はそこにあります。

26 良書を読むだけではダメ。読んだことを実践できてこその良書。

私は少年時代、読書家だった母親から勧められて、名作とされている日本文学や世界文学をずいぶんと読んだものです。しかし今振り返るとそうしたものは、その後の自分の人生にはほとんど役に立っていないように思います。

トルストイの『戦争と平和』や『アンナ・カレーニナ』、夏目漱石の『草枕』といった作品が、幼い中学生の頭で理解できるわけがないからです。

そこで私は大学生になったときに、「これからは自分にとって役に立つ本しか読まないようにしよう」と心に決めました。単にたくさんの本を読むことで満足するような読書は、もうやめようと思ったのです。

その後は、自分のレベルに合っていて、なおかつ自己を高めてくれる本を選んで読むことにしました。社会的には良書と認められている本でも、自分にとって読む価値のある本でないと、ほんとうの意味で良書とはいえないと考えたのです。

ただしいくら自分にとって価値のある良書を読んだとしても、読んだだけで終わらせてしまったら何の意味もありません。

人は知識を頭の中に得ただけでは成長しません。たとえばあなたが本田宗一郎さんの本を読んで感銘を受けたとします。しかし感銘を受けただけでは、自分の生き方は何も変わりません。

「本田さんの生き方のこういう部分が素晴らしいな」と思ったら、その生き方を自分でも実践してみます。すると「なるほど、あの本で本田さんが言いたかったのはこういうことだったのか」ということが、より深いレベルで理解できるようになります。

そして深いレベルで理解できたら、その理解力をもってもう一度実践してみます。するとまた得るものがあります。

こうして本を読んだ時点では単なる知識だったものが、実践を通じて自分の血肉になっていきます。

良書を読むだけで終わらせずに実践できてこそ、良書を良書として活かすことができるのです。

私は三〇歳の頃、自分の手帳に「多読家に仕事ができる人は少ない」というメモを書いたことがあります。

当時会社には、多読家が何人かいました。ところがどういうわけかそういう人の中で、仕事ができる人は少ないと感じたからです。

その理由は簡単で、多読家は本を読むことだけに一生懸命で、実践に活かすことができていないからだと思います。実践に活かそうとするならばそちらのほうも忙しくなるので、多読をしている余裕などなくなるはずです。

読書と実践が結びついている人は、読んだ本の数そのものは少なくても、一冊の本を徹底的に読み込みます。第1章で紹介した西郷隆盛がそうでした。

前述したように、西郷は遠島に流罪に処せられていた時期に、佐藤一斎の『言志四録』を読み込み、その思想を自分の血肉にしていきました。『言志四録』は佐藤一斎が己の朱子学の思想を一一三三条にまとめたものですが、西郷はその中から一〇一条だけを選んで持っていき、暗唱できるほどに繰り返し読んだのです。

西郷が生涯に読んだ本の数は、おそらく私の一〇〇分の一にも満たないと思います。にもかかわらず西郷は、明治維新期において日本を代表する傑出したリーダーになりました。また西郷の言葉は『南洲翁《なんしゅうおう》遺訓《いくん》』というリーダー論として一級の本にもなっています。

大切なのは、読んだ本の冊数ではなく、読んだ本をどれだけ自分の生き方に結びつけられたか、ということなのです。

27

「勉強」なんかする必要はない。仕事に打ち込むのが成長への近道。

前項で私は、「読書は実践と結びついてこそ意味がある」という話をしましたが、これは読書に限らず、勉強一般についていえることです。

近年、ビジネスマンとして身につけておかなくてはいけない三つの必須スキルとして、英語と会計とＩＴがよく取り上げられます。

ところが「やっぱり会計の知識ぐらい身につけておかなくてはダメだよな」と思って勉強を始めたとしても、ほとんどの人は三日坊主で終わってしまいます。なぜかといえば、その人の中で、会計の勉強が自分の仕事と結びついていないからです。

もしその人が経営企画部門に異動になったために、管理会計の勉強をする必要性が生じたら、きっと必死になって覚えることでしょう。また実際に仕事の場面で会計の知識を使いますから、数字の読み方がイヤでも身についてきます。

英語の勉強も同じです。英語を使いこなせるようにならないと日常業務にさえ支障を来《きた》す状況に追い込まれれば、誰だって必死になって英語の勉強を始めます。

逆にいえば三日坊主で終わってしまうということは、ほんとうの意味でその勉強の必要性を感じていないということです。だったらそんな勉強なんてする必要はありません。

人生の持ち時間は限られています。現役のビジネスマンの場合はなおさらそうです。仮に毎日定時で家に帰ったとしても、通勤時間や帰宅後の家事や育児の時間を差し引けば、残された時間はわずかです。その貴重な時間を、必要性がない勉強に費やすのはもったいないことです。

勉強するテーマは、投資対効果を考えながら選ぶべきです。

勉強から少し離れますが、これは新聞や雑誌を読むときにもいえることです。一日の中で自分に与えられている時間を意識しながら読むべきです。

私は家では日経新聞、朝日新聞、読売新聞の三紙をとっていますが、このうち一紙は朝起きてから朝食をとるまでの間に、残りの二紙は会社に向かう電車の中で読んでいます。読書時間は三紙合計で四〇分ぐらいでしょうか。

日経新聞の「私の履歴書」だけは習慣として毎朝読んでいますが、そのほかの記事については基本的には見出しだけを読んでいきます。三紙の見出しを読めば、社会の動きはだいたいつかめます。

そのうえで自分の仕事に関係がありそうな記事や、関心を抱いた記事については、見出しだけではなく中身も読み込んでいきます。

社会的に大きなニュースについては、一面で取り上げられ、経済面や社会面でも扱われるというように、複数の紙面で記事が掲載されます。けれども多少切り口は違っても、書かれている内容は同じですから、私はその中から面白そうな記事をひとつだけ選んで読むようにしています。

人生の時間は限られていますから、こんなふうに新聞の読み方ひとつとっても、自分にとって重要なものと重要でないものを選別することが大切になるのです。

これが英語や会計といった勉強になると、まとまった時間をとられることになりますから、なおさら取捨選択が重要になります。


では自分にとってほんとうに必要な勉強はどうやって見つければいいのでしょうか。

私はビジネスマンのいちばんの勉強は、自分が今携わっているその仕事に打ち込むことだと思います。

仕事を巡る状況は、ＩＴ化やグローバル化の進展、国内市場の成熟化やデフレの長期化など、常に目まぐるしく動いています。一方で上司や部下、顧客との信頼関係を築くことや、研究開発部門や工場部門、営業部門といった他部門との連携をはかりながら仕事を進めていくことの大切さはいつの時代も変わりません。

いろいろな要素が絡み合っている中で、今経済や市場がどうなっているか、部下をまとめながらチームを動かしていくにはどうすればいいかといったことについて、情報を収集し、必死になって考え、行動する。するとその中から、仕事に必要なさまざまな知識や知恵を獲得することができます。自分の仕事と真摯に向き合うこと自体が、ビジネスマンにとって成長への近道なのです。

また必死になって仕事に取り組む中から、今の自分に足りない部分が見えてきます。その足りない部分が、まさに自分が勉強しなくてはいけないテーマです。

たとえば「仕事で結果を残すためには、もっと経済や市場の動きを知っておかなければいけない」ということになれば、新聞の読み方も本気になります。

自分の部署の将来を考えたときに、「やっぱりこれからは、うちのほうから海外の企業にもっと積極的にアライアンス（提携）を仕掛けていくしかない」ということになれば、英語の勉強についても本気で身が入ることでしょう。

またメーカーの営業マンであるにもかかわらず、技術的な知識が低いために顧客から今ひとつ信頼を得られていないということになれば、「自社技術や自社製品についてもっと勉強しなくてはいけない」という危機感が高まるはずです。

「何か勉強しなければいけない」と思ってやるような、いわゆる「勉強」は、時間のムダです。ほんとうに必要な勉強は、「仕事で成果をあげるためには、これをやらざるをえない」という必然性の中から浮かび上がってくるものです。

やるべき勉強のテーマがまだ見つかっていないなら、まずは自分の仕事に打ち込むことに集中してください。

28 モチベーションの管理は、体調の管理から。

「病《やまい》は気から」という言葉がありますが、私は逆に「気は病から」という言い方もできると思っています。

私たちは体調が悪いときには、気分までもが弱ってしまうものです。風邪をひいたり熱があったりで体調は最悪なのに、気持ちだけは元気ということはまずありえません。体調が悪いときには、あらゆることがネガティブに見えてしまいます。

逆に体が元気であれば、少々の困難に直面したときでも、ある程度高いモチベーションを維持したままものごとに臨むことができます。体と心はつながっています。体が元気であれば、気持ちのほうもなんとかなるものなのです。

そういうこともあり、私は体調管理には人一倍気を遣っています。

特に気をつけているのが睡眠時間です。私の場合は寝不足になると、途端に元気がなくなってしまいます。そのためどんなに忙しくても、七時間は睡眠時間を確保するようにしています。夜は一〇時半に寝て朝は五時半に起きるという生活を三〇代の頃から続けています。

また風邪をひきそうになったら、すぐに病院に行ってクスリをもらいます。症状が悪化する前に休みをとって、ゆっくり寝るようにしています。

そしてランニングなど、日常的に運動もおこなっています。

こうして体の健康と心の健康の両者が備わったとき、人は初めて集中して仕事をすることができ、成果をあげることができます。

ですから、そういう意味でも長時間労働は避けるべきだと私は考えています。長時間労働によって心身に疲労が蓄積されると、リーダーとしていちばん必要な、現実を正しく把握する力が鈍り、判断力も失われていきます。また自分のことで精いっぱいとなり、部下のことに気を配る余裕がなくなります。

リーダーが間違った現実把握や判断をしてしまうと、チームを誤った方向に導くことになります。長時間労働を続けることや、睡眠時間を削って働くことは、「がんばる」ことではありません。体調管理と心の管理を万全にすることで、いつでも正しい現実把握をおこない判断を下せる状態を保てるように、がんばらなくてはいけないのです。

ちなみに心の浮き沈みが激しい人は、自分がどんなときにモチベーションが落ち込みやすいか原因を把握しておくと、対策が可能になります。

たとえば月曜の朝、会社に行くのが憂うつでしかたがないという人は多いと思います。これはすでに月曜日になっているのに、自分の心の状態をオフからオンへと切り換えられないために起こります。気持ちが日曜日を引きずったままなのです。

こういう人は、たとえば日曜日の午後には体を動かしてみたり、映画観賞や絵画鑑賞をして気分を高揚させるようにするとよいと思います。休息モードになっている自分の体と心を、日曜の夜までの間にすぐに活動モードに切り換えられる状態にしたうえで、月曜の朝を迎えるのです。

健全な体と健全な心は、よい仕事をしていくための資本となります。体調管理とモチベーション管理には万全を期してください。

29

誘われたら断らないこと。するとと人脈が広がっていく。

私は四〇代前半のときに、官民の若手課長が集まる社外勉強会に入会しました。入会のきっかけは、会社から「こういう社外勉強会があって、東レからも社員をひとり派遣することになっているんだけど、君が行かないか」と声をかけられたからです。私は二つ返事で「行きます」と答えました。

ところがこの手の勉強会には、せっかく会社が声をかけてくれているのに行きたがらない人も多いようです。

特に課長時代は、自分がこれから出世できるかどうかの大事な時期です。そのためには社内の仕事に自分の全エネルギーを集中して、結果を出さなくてはいけません。だから社外勉強会などに参加している場合ではないというわけです。

たしかに社外勉強会に入会し、幹事にもなろうものなら、勉強会の準備だけで多くの時間をとられることもあります。また会がある日には、定時で会社を退社しなくてはいけません。

しかも社外勉強会に精を出しているからといって、社内評価が上がるわけでもありません。むしろ「君は出世をあきらめたのか」などと上司から言われることもあります。

だからみんな社外勉強会よりも、夜遅くまで会社に残って仕事をするほうを選ぶのです。

そういう中で私が勉強会に参加することにしたのは、社外の人と交流を深めることができたなら、きっと自分の成長に結びつくだろうし、何より面白そうだと思ったからです。

そしてその予感は的中しました。

私が入会した社外勉強会は、研究テーマを決めて約一年間にわたって調査や議論をするというものでした。メンバーは全部で五〇～六〇人で、民間企業が半分、官庁が半分ぐらいの割合で構成されていました。

そして二年目になるとメンバーの中から一四名の幹事が選ばれ、幹事が中心になって会を運営することになります。私も幹事のひとりとなりました。

この一四名の幹事との出会いが、私にとって大きなきっかけとなりました。幹事に選出されるだけのことはあって、みな仕事ができる人ばかりです。当時はみんな課長でしたが、その後大企業の社長になった人や、国会議員になった人もいます。

勉強会がある日はそのまま飲み会に突入するのですが、これが面白かった。それぞれの業界で今何が問題になっていて、その背景にあるのは何かといったことを、現場にいる人間ならではの臨場感ある言葉で話してくれます。新聞やテレビのニュースでは知りえない情報が山盛りでした。

また同じ日本の企業でも、業界や会社が異なれば、仕事のやり方が相当違うことも学びました。

もし私が社外勉強会に参加せずに、自分の会社の中だけで仕事をしていたら、東レの価値観や仕事の仕方しか知らないままでいることになりました。同質性の高い組織の中で埋没することになったでしょう。

社外勉強会のメンバーとは、二〇年以上経った今でもつきあいがあって一緒に活動しています。私にとって大切な仲間たちです。

ちなみに私にとってもうひとつの大きな社外交流の場が、「自閉症者の親の会」でした。長男が自閉症だったため私はこの会に参加していたのですが、出席者の大半は女性で男性は少数でした。すると働く男性としての私の考えをみんな知りたがり、私の意見を尊重してくれました。また私にとっても、ビジネスマンではない人たちと話し合える機会を持てたのは貴重な経験となりました。

社外交流では、ビジネスマン同士の交流ではなく、地域の人たちとの交流も大切です。

私はみなさんにもぜひ会社の外に積極的に出て、いろいろな人とつきあう機会を増やしてほしいと思います。

たしかに短期的に見れば、出世にプラスになることはありません。しかし多様な人との交流を通じて、ほかの人とはちょっと異なる発想力や広い視野を身につけることが可能になります。これは、これからの時代にリーダーとしてチームを引っ張っていくうえで絶対に必要な能力です。

もちろん社外交流に熱心になりすぎて、会社の仕事を疎《おろそ》かにしてしまったら本末転倒です。会社の仕事は会社の仕事で、しっかりと成果をあげなくてはいけません。そこで業務を徹底的に効率化することによって短時間で成果をあげる仕組みをつくり、空いた時間を社外交流などの自己研鑽の時間にあてていけばいいのです。


活動の場を社内から社外に広げていくためのコツは、ただひとつ。誘われたときに断らないことです。私の勉強会のモットーは「頼まれたら断らない○○会」でした。

もし知人から「仕事には直接関係ないんだけど、こういう会があるから参加してみない？」「こういう人がいるんだけど会ってみない？」と誘われたら、少しぐらい仕事が忙しくても、多少無理をして参加するのです。

誘ってくれる人はなんらかの思いや狙いがあって、自分に声をかけてくれているわけです。それならものは試しで参加してみればいい。「参加したけど失敗だったな」と感じたら、次からは出なければいいだけの話です。

そうやって積極的に参加していると、三回に一回ぐらいの割合で自分の人生を豊かにする出会いがあるものです。

けれどもせっかくの誘いを断っていたら、次からは誘ってくれなくなります。そして人づきあいの幅が狭くなり、人間関係が次第に固定されていきます。

誘われたときには断らない。これを心がけているだけで、人脈は自然と広がっていきます。

30 人は己を四〇％のインフレで評価し、他人を四〇％のデフレで評価している。

「普通の人間は、自分の能力に関しては四〇％のインフレで考え、他人の能力に関しては四〇％のデフレで考える」

これは元最高検察庁検事で、現在は弁護士を務めている堀田《ほった》力《つとむ》さんの言葉です。

自分は四〇％のインフレで考え、他人は四〇％のデフレで考えるというのは、人は自分のことは過大評価し、他人のことは過小評価するという意味です。

思わず「そのとおり！」と膝を打つようなひと言です。もしみなさんが自分に対する評価に納得がいっていないなら、胸に手を当ててこの言葉について考えてみてください。それでもやはり、自分の評価に納得がいかないでしょうか。

なぜ私たちは自分のことは過大評価してしまうのかというと、ものごとがうまくいかなかったときに、自分のことについてはいくらでも言い訳を思いつくからです。

「あのときチャレンジをあきらめたのはお金がなかったから」

「あのプロジェクトがうまくいかなかったのは、上司が理解してくれなかったから」

というように……。

一方他人に対しては、ものごとがどういう事情でうまくいかなかったのか理由がわかりませんから、結果だけを見て判断します。

「彼があのときチャレンジをあきらめたのは、挑戦心が欠如していたからだ」

「あのプロジェクトがうまくいかなかったのは、彼の能力が足りなかったからだ」

というようにです。

同じおこないをして同じ結果が出たとしても、自分のことは高く、他人のことは低く評価してしまうのが人間というものなのです。

しかし自分のことも他人のことも、適切に評価できるようにならないと、他者から信頼を勝ち得ることはできません。「あの人は自分には甘いけれども、他人には厳しい人だ」と言われることになります。また自分自身の成長も止まってしまいます。

しかし適切に評価するというのは、とても難しい。

老子の言葉に「知人者智、自知者明（人を知る者は智なり、自らを知る者は明なり）」というのがあります。「他人を洞察する力がある人は、なかなかの智者である。自分のことをしっかりと知っている人間は、さらに優れた聡明な人物である」といった意味です。

老子は、他人のことを適切に評価するのは難しいことだけれども、自分のことを適切に評価するのはもっと難しいことだと言っているのです。たしかにそのとおりだと思います。

では、どうすればいいのでしょうか。「謙虚」になることだと、私は思います。

自分は己のことを過大評価しているということを自覚したうえで、「まだまだ欠けている部分があるはずだ」と考え、いつでも誰からでも学ぶ姿勢を忘れないようにするのです。

ちなみに私は三〇歳を過ぎた頃から、部下に対しても「さん付け」で名前を呼ぶようにしました。

若くても立派な生き方や考え方をしている人はたくさんいます。ところが年齢や役職が下だからといって「○○君」と呼んでしまうと、そこで上下関係ができてしまいます。するとどんなにその人が自分より優れたものを持っていたとしても、学ぼうとする姿勢が薄れてしまいます。

そこで私は「さん付け」で呼ぶことにしたわけです。「我以外、みな我が師なり」という言葉がありますが、すべての人から学んでいく姿勢を大切にしようと思ったのです。

自分の能力を周囲に認めさせることに躍起になっている人が多い中で、謙虚な姿勢で生きている人は、人から信頼され、また尊敬を集めます。そして歩みを止めることなく、成長を続けていくことができます。

私もそういう人間のひとりでありたいと思っています。

31

本物を知る。そうすれば人は謙虚になれる。

私がまだ役員になる前のことです。当時東レの社長を務めていた前田勝之助さんと、私を含めた何人かで食事をしていたときに、前田さんが「自分はこれまでいろんなものを見たけれども、三つのものが深く印象に残っている」という話をされました。

ひとつはエジプトのピラミッド、ひとつはヒマラヤ、そしてもうひとつは山形県の湯殿《ゆどの》山《さん》で見た即身仏ということでした。

即身仏とは、自己を捨てて世に尽くし、人々が心穏やかに暮らせるように善行を積み重ねてきた僧侶が、山に籠もって修行を重ね、穀物を断って木の実や草の根を食べて命をつなぎ、最後は土の中に石室を築いてそこに入り、衆生済度《しゅじょうさいど》を祈りながら座禅をしつつ死を迎えたものです。

日本には十数体の即身仏が現存していますが、そのうちの八体が山形県にあります。

前田社長の話を聞いた後、私はさっそく山形県の湯殿山に赴《おもむ》き、即身仏を拝んできました。その姿に強く心を揺さぶられました。僧侶が世の安寧《あんねい》を一心に祈りながら亡くなっていったということがひしひしと伝わってきました。

これは私にとって大きな体験でした。ひとつは自分の人間としての小ささを実感したということでしょうか。私がいくらお客さまのため、部下のため、社会のためと思って働いているとしても、即身仏になった僧侶には遠く及ばない。私が目指すべきものは、まだはるか先にあると感じました。

そしてもうひとつ私が感じたのは、世の中には自分という存在をはるかに超えたものがあるということです。即身仏となった僧侶は、人知を超えた超越的な存在に対してひたすら祈っていました。そしてその僧侶が、圧倒的な存在感を伴って私の前にいました。

自分の力だけで、何でもできると思ってはいけない。何かを成し遂げられたとしても、それは自分の力だけによるものではない。そういうことを実感しました。

このような私の行為を、社長に対する一種のゴマすりと思った人もいるかもしれません。ですが、尊敬する人物が勧めるものを見るということは、「本物」を見るための得がたい機会なのです。当然前田さんも、こちらの成長のことを考え、その話をしたのでしょうから、なおさらです。

本物を見るという体験は、とても大切です。本物を見るたびに、感動するとともに、自分の小ささを認識し、謙虚になれるからです。

ですから私は海外出張の機会があると、必ず一日だけプライベートの時間をつくって、建築物や博物館など現地の本物に触れる機会を設けるようにしていました。

上司の中にはそうした私の行動を嫌う人もいました。

「おまえは仕事でパリに出張したんだろ。それなのになぜ観光客気分で仕事とは関係ない場所を歩きまわってから帰ってくるんだ」

と言うのです。

しかしそれは違います。本物を見ておくことは、今目の前にある仕事を終わらせることには何のプラスにもなりません。けれども将来自分が大きな仕事を成し遂げるうえで、かけがえのない経験となります。

今日の仕事に追われて本物を見ることを疎かにしている人と、本物を見ることを大切にしている人とでは、やがて大きな差が出てきます。

本物を見てきた人は、自分を超えた存在があることを感じながら、謙虚さを持ちつつ自己を高め続けることができるようになります。

編集協力――長谷川敦
装丁写真――長谷川博一

佐々木　常夫（ささき・つねお）
1944年、秋田市生まれ。1969年、東京大学経済学部卒業、同年東レ入社。自閉症の長男に続き、年子の次男、長女が誕生し、結婚して3年で3児の父になる。妻は、肝臓病がもとで入退院を繰り返すうち、うつ病を併発し、何度か自殺未遂をする。43回もの入退院をした妻も、現在は快癒。すべての育児・家事・看病をこなさなくてはならない過酷な日々の中でも、仕事への情熱は衰えず、大阪・東京と6度の転勤、破綻会社の再建や様々な事業改革に全力で取り組み、2001年、東レ同期トップで取締役となり、2003年より東レ経営研究所社長。経団連理事、政府の審議会委員、大阪大学客員教授などの公職も歴任。
著書に『【新版】ビッグツリー』『部下を定時に帰す仕事術』『そうか、君は課長になったのか。』『働く君に贈る25の言葉』（以上、WAVE出版）、『［図解］人を動かすリーダーに大切な40の習慣』『「本物の営業マン」の話をしよう』（以上、PHP研究所）などがある。

PHP
Business Shinsho

PHPビジネス新書 293

会社で生きることを決めた君へ

2013年10月2日　第1版第1刷発行

著者	佐々木常夫
発行者	小林成彦
発行所	株式会社ＰＨＰ研究所

東京本部　〒102-8331　千代田区一番町21
新書出版部　☎03-3239-6298（編集）
普及一部　☎03-3239-6233（販売）
京都本部　〒601-8411　京都市南区西九条北ノ内町11
PHP INTERFACE　http://www.php.co.jp/

装幀	齋藤稔
制作協力・組版	有限会社データ・クリップ
印刷所	共同印刷株式会社
製本所	東京美術紙工協業組合

ISBN978-4-569-81501-5

「PHPビジネス新書」発刊にあたって

わからないことがあったら「インターネット」で何でも一発で調べられる時代。本という形でビジネスの知識を提供することに何の意味があるのか……その一つの答えとして「**血の通った実務書**」というコンセプトを提案させていただくのが本シリーズです。

経営知識やスキルといった、誰が語っても同じに思えるものでも、ビジネス界の第一線で活躍する人の語る言葉には、独特の迫力があります。そんな、「**現場を知る人が本音で語る**」知識を、ビジネスのあらゆる分野においてご提供していきたいと思っております。

本シリーズのシンボルマークは、理屈よりも実用性を重んじた古代ローマ人のイメージです。彼らが残した知識のように、本書の内容が永きにわたって皆様のビジネスのお役に立ち続けることを願っております。

二〇〇六年四月

PHP研究所

PHPビジネス新書

「本物の営業マン」の話をしよう

佐々木 常夫 著

「事業を営むという思考が肝心」「売ることではなく、売れる物を作ることが仕事」など、本物の営業マンの哲学を解説する。

定価八四〇円
（本体八〇〇円）
税五％